POR UMA OUTRA
GLOBALIZAÇÃO

MILTON SANTOS

POR UMA OUTRA GLOBALIZAÇÃO

DO PENSAMENTO ÚNICO À CONSCIÊNCIA UNIVERSAL

39ª edição

EDITORA RECORD
RIO DE JANEIRO • SÃO PAULO
2025

CIP-BRASIL. CATALOGAÇÃO NA PUBLICAÇÃO
SINDICATO NACIONAL DOS EDITORES DE LIVROS, RJ

S236p
39. ed.
Santos, Milton, 1926-2001
Por uma outra globalização : do pensamento único à consciência universal / Milton Santos. - 39. ed. - Rio de Janeiro : Record, 2025.

ISBN 978-65-5587-186-9

1. Globalização. 2. Política econômica. 3. Civilização moderna. I. Título.

21-69424

CDD: 303.4
CDU: 316.42

Leandra Felix Cruz Candido - Bibliotecária - CRB-7/6135

Copyright © Milton Santos, 2000

Todos os direitos reservados. Proibida a reprodução, armazenamento ou transmissão de partes deste livro, através de quaisquer meios, sem prévia autorização por escrito.

Texto revisado segundo o novo Acordo Ortográfico da Língua Portuguesa.

Direitos exclusivos desta edição reservados pela
EDITORA RECORD LTDA.
Rua Argentina, 171 – Rio de Janeiro, RJ – 20921-380 – Tel.: (21) 2585-2000.

Impresso no Brasil

ISBN 978-65-5587-186-9

Seja um leitor preferencial Record.
Cadastre-se no site www.record.com.br e
receba informações sobre nossos lançamentos
e nossas promoções.

EDITORA AFILIADA

Atendimento e venda direta ao leitor:
sac@record.com.br

SUMÁRIO

Prefácio à nova edição, por Itamar Vieira Junior   11
Prefácio   17

I
INTRODUÇÃO GERAL

1. O mundo como fábula,
   como perversidade e como possibilidade   23
   O mundo tal como nos fazem crer: a globalização como fábula   24
   O mundo como é: a globalização como perversidade   25
   O mundo como pode ser: uma outra globalização   25

II
A PRODUÇÃO DA GLOBALIZAÇÃO

Introdução   29

1. A unicidade técnica   31
2. A convergência dos momentos   35
3. O motor único   37
4. A cognoscibilidade do planeta   41
5. Um período que é uma crise   43

III
UMA GLOBALIZAÇÃO PERVERSA

Introdução 49

1. **A tirania da informação e
do dinheiro e o atual sistema ideológico** 51
   A violência da informação 51
   Fábulas 53
   A violência do dinheiro 55
   As percepções fragmentadas e o discurso único do "mundo" 57

2. **Competitividade, consumo,
confusão dos espíritos, globalitarismo** 59
   A competitividade, a ausência de compaixão 59
   O consumo e o seu despotismo 61
   A informação totalitária e a confusão dos espíritos 63
   Do imperialismo ao mundo de hoje 64
   Globalitarismos e totalitarismos 65

3. **A violência estrutural e a perversidade sistêmica** 67
   O dinheiro em estado puro 68
   A competitividade em estado puro 68
   A potência em estado puro 69
   A perversidade sistêmica 70

4. **Da política dos Estados à política das empresas** 73
   Sistemas técnicos, sistemas filosóficos 74
   Tecnociência, globalização e história sem sentido 75
   As empresas globais e a morte da política 77

5. **Em meio século, três definições da pobreza** 81
   A pobreza "incluída" 82
   A marginalidade 82

A pobreza estrutural globalizada   83
  O papel dos intelectuais   85

6. O que fazer com a soberania   89

IV
O TERRITÓRIO DO DINHEIRO E DA FRAGMENTAÇÃO

Introdução   95

1. O espaço geográfico:
   compartimentação e fragmentação   97
   A compartimentação: passado e presente   98
   Rapidez, fluidez, fragmentação   99
   Competitividade *versus* solidariedade   101

2. A agricultura científica
   globalizada e a alienação do território   105
   A demanda externa de racionalidade   106
   A cidade do campo   107

3. Compartimentação e
   fragmentação do espaço: o caso do Brasil   109
   O papel das lógicas exógenas   109
   As dialéticas endógenas   111

4. O território do dinheiro   113
   Definições   113
   O dinheiro e o território: situações históricas   114
   Metamorfoses das duas categorias ao longo do tempo   115
   O dinheiro da globalização   116
   Situações regionais   118
   Efeitos do dinheiro global   119
   Epílogo   120

5. Verticalidades e horizontalidades **121**
   As verticalidades 121
   As horizontalidades 124
   A busca de um sentido 126

6. A esquizofrenia do espaço **129**
   Ser cidadão num lugar 129
   O cotidiano e o território 130
   Uma pedagogia da existência 132

V
LIMITES À GLOBALIZAÇÃO PERVERSA

Introdução 135

1. A variável ascendente **137**
2. Os limites da racionalidade dominante **139**
3. O imaginário da velocidade **141**
   Velocidade: técnica e poder 141
   Do relógio despótico às temporalidades divergentes 143
4. *Just-in-time versus* o cotidiano **145**
5. Um emaranhado de técnicas: o reino do artifício e da escassez **147**
   Do artifício à escassez 147
   Da escassez ao entendimento 149
6. Papel dos pobres na produção do presente e do futuro **151**
7. A metamorfose das classes médias **155**
   A idade de ouro 155
   A escassez chega às classes médias 157
   Um dado novo na política 159

VI
A TRANSIÇÃO EM MARCHA

Introdução 163

1. **Cultura popular, período popular** 165
   Cultura de massas, cultura popular 166
   As condições empíricas da mutação 168
   A precedência do homem e o período popular 169

2. **A centralidade da periferia** 171
   Limites à cooperação 171
   O desafio ao Sul 172

3. **A nação ativa, a nação passiva** 177
   Ocaso do projeto nacional? 177
   Alienação da nação ativa 178
   Conscientização e riqueza da nação passiva 179

4. **A globalização atual não é irreversível** 181
   A dissolução das ideologias 181
   A pertinência da utopia 183
   Outros usos possíveis para as técnicas atuais 185
   Geografia e aceleração da história 187
   Um novo mundo possível 188

5. **A história apenas começa** 191
   A humanidade como um bloco revolucionário 191
   A nova consciência de ser mundo 193
   A grande mutação contemporânea 194

PREFÁCIO À NOVA EDIÇÃO

Quase vinte anos depois de ler *Por uma outra globalização* pela primeira vez, volto ao livro e atravesso novamente o pensamento de Milton Santos. Vinte anos é um período longo para quem tem 40, e durante esse hiato de tempo pude ver muita coisa acontecer: os atentados de 11 de Setembro e muitos outros que abalaram as sociedades europeias; as guerras do Afeganistão, da Crimeia, da Síria; uma onda de governos de centro-esquerda na América Latina, para anos depois ver outra onda, dessa vez populista e de extrema direita, abalar os pilares da democracia contemporânea, incluindo de forma surpreendente os Estados Unidos da América. Tudo isso no rastro do processo de globalização radical a que o mundo contemporâneo está submetido.

Voltar à leitura de Milton Santos também me remeteu ao estudante inseguro, mas resiliente, que fui, e ainda assim pronto para desvendar os problemas do mundo. Recordei-me, por exemplo, de que o primeiro livro de sua autoria que chegou às minhas mãos foi *O espaço do cidadão*. Eu havia ingressado no curso de licenciatura e bacharelado em Geografia na Universidade Federal de Pernambuco havia poucos meses. Na biblioteca do Centro de Filosofia e Ciências Humanas, no campus da Várzea, encontrei um exemplar que me introduziria às ideias deste que, sem dúvida, foi um dos maiores intelectuais brasileiros do século XX. Confesso que para um jovem de 18 anos, que teve uma educação escolar mediana, não foi fácil compreender concretamente o oceano de ideias, referências e projeções que são seus textos. Mas acho que uma das minhas qualidades talvez seja a persistência, a vontade de superar as destinações que me foram dadas, e só por isso concluí a leitura. Tempos depois, descobri que Milton Santos me conquistaria nas releituras, quando suas ideias se iluminavam à luz de uma nova leitura atenta e reflexiva adornada com minhas anotações dispersas. Já na Universidade Federal da Bahia, berço do intelectual, e onde concluí o curso, confrontei-me com seus discípulos — meus professores — e mais uma vez com *O espaço do cidadão*, dessa vez me conquistando definitivamente. O mesmo ocorreu com sua vasta bibliografia: *O centro da cidade do Salvador, Por uma geografia nova, O espaço dividido, Espaço e sociedade, Pensando o espaço do homem, Espaço e método, A natureza do espaço* e muitos outros.

Também na Universidade Federal da Bahia, onde realizei meu percurso acadêmico da graduação à pós-graduação, pude viver uma experiência única, que carrega a marca do grande humanista que foi Milton Santos. Como aprendiz de pesquisador de iniciação científica do projeto de pesquisa Produção do Espaço Urbano, vi florescer um projeto pessoal do professor. Logo após sua morte, Maria Auxiliadora da Silva, professora e discípula, e a viúva do professor, Marie-Hélène Santos, resgataram um desejo de Milton Santos: subsidiar a formação de alunos carentes. Com recursos próprios, Marie-Hélène tornou real esse propósito e desde então tem colaborado com a formação de estudantes de baixa renda, através de bolsas de iniciação científica que levam o nome de Milton Santos, projeto já institucionalizado pela universidade e prestes a completar vinte anos. Foi assim que me tornei o primeiro "bolsista Milton Santos", fato fundamental para que pudesse prosseguir com meus estudos acadêmicos e que contribuiu, sem nenhuma dúvida, para minha formação superior. Hoje já são dezenas de alunos e alunas beneficiados pelo programa, e nesse gesto altruísta podemos entrever a práxis de uma cidadania solidária.

*

Há algo poderoso nos escritos de Milton Santos e que diz respeito ao seu pensamento humanístico, crítico e, por isso, político e solidário. É com esse espírito que saio dessa releitura de *Por uma outra globalização*, um marco não apenas da Geografia, mas das Ciências Humanas como um todo, ao iluminar com reflexões abrangentes os fenômenos sociais e econômicos de nosso tempo. Ao se debruçar sobre os dilemas da globalização, Santos sabia da relevância da política, a "arte de pensar as mudanças e de criar condições para torná-la efetiva". Esse pensamento ativo, crítico e político atravessa as seis partes desta obra, que poderiam ser resumidas em três grandes tópicos: a produção da globalização; a crítica à globalização em curso, adjetivada de perversa; e a possibilidade de uma outra globalização, solidária, nascida das camadas mais desfavorecidas da sociedade. Nesse último tópico é que nos aproximamos da alma de seu pensamento. Santos apresenta a possibilidade de construirmos uma outra globalização como projeto humanitário a se contrapor às normas hegemônicas e predatórias das grandes corporações e dos Estados nacionais que servem aos interesses de uma pequena elite.

A globalização não é um fenômeno recente. A internacionalização das engrenagens do capitalismo ganhou ímpeto com as invasões de extensos territórios no período das grandes navegações. Pouco a pouco, as corporações e os Estados nacionais foram subjugando sociedades originárias em favor de uma pequena elite europeia, que competia entre si pela hegemonia do poder econômico. De lá para cá, impérios caíram, mas os arroubos imperialistas nunca deixaram de existir, e acentuaram sobremaneira a lógica de exploração dos territórios. Por fim, as grandes corporações empresariais assumem o papel dos Estados nacionais, colocando sociedades a serviço do "império do dinheiro", monetizando todas as instâncias da vida humana. Por esses e outros prognósticos é que Milton Santos era um visionário, uma qualidade que os grandes intelectuais apresentam. Segundo seu pensamento, a globalização atual, amparada no onipresente império das redes de informação, produziu miragens e fábulas — como a da "aldeia global" — e conheceu a radicalização com o advento do sistema global de computadores interligados em rede e até mesmo das redes sociais, que estabelecem novas formas de relações humanas. Tais redes foram projetadas, como quase tudo em nosso tempo, por uma imbricada engenharia de informação capaz de provocar dependência no "usuário" — que substitui o cidadão —, estabelecendo relações mediadas pela publicidade das corporações empresariais, ou seja, monetizando os afetos.

Nos últimos anos, a globalização tem uniformizado as instâncias da vida social, sempre a serviço dos atores hegemônicos e em detrimento das pessoas e da possibilidade da ascensão de uma cidadania, o que de melhor poderia nos acontecer enquanto projeto de civilização. O neoliberalismo, que prega a farsa do Estado mínimo, com renúncias fiscais na mesma medida em que pouco faz para mitigar desigualdades sociais, tem fortalecido a ganância da elite. Para Santos, a globalização em curso "é uma fábrica de perversidades" e promove desemprego, pobreza extrema e grandes deslocamentos populacionais, seja pelo colapso econômico, conflitos por territórios ou mesmo pela escassez de recursos naturais, além de destruir o ambiente e a possibilidade de um futuro. A centralidade da globalização em curso é a maximização de lucros, do dinheiro, e para tanto o fenômeno não se furta de promover desordens políticas, ressuscitando regimes autocratas e totalitários, porque nada prescinde da política. Possibilita ainda a condensação artificial do espaço-tempo e o surgimento de emergências globais como a aids e a pandemia do novo coronavírus, percebidos de maneiras distintas num mundo cada vez mais fragmentado. Promove também o rearranjo espacial de técnicas e de política, sendo que a política das grandes corporações se torna política de Estado, excluindo de vez tudo aquilo que não é considerado importante para lhe auferir mais acumulação de capital.

Talvez em nenhum período da história tenhamos sentido tanto os efeitos da globalização como nas últimas décadas. Isso porque, segundo Santos, "na história da humanidade é a primeira vez que tal conjunto de técnicas envolve o planeta como um todo e faz sentir, instantaneamente, sua presença". A revolução tecnológica em curso é radical e profunda, permitindo que técnicas do passado, ou mesmo a de outros territórios, se comuniquem de tal forma que possamos vislumbrar a totalidade do espaço direta e indiretamente. A comunicação e a interdependência estão no plano econômico, basta observar os surgimentos cíclicos de crises e como cada vez mais o circuito econômico, através das bolsas de valores, responde simultaneamente. Isso possibilita uma unidade artificial do espaço-tempo, quando um "acontecer local" passa a ser percebido como um "elo do acontecer mundial"; uma falsa interdependência do "acontecer" mediada por um "motor único". Tal "motor" permitiu um novo patamar da mundialização do produto, do dinheiro, da dívida, do consumo, da informação, da exploração e dos infortúnios humanos.

Não haverá salvação para a humanidade neste modelo de globalização, onde a exploração dos territórios e do trabalho humano serve apenas para potencializar a mais-valia, agora universal. As crises do capitalismo, intrínsecas ao seu modelo de desenvolvimento, costumam ser avassaladoras ao atingir os mais vulneráveis, e são cada vez mais frequentes. Se no desenrolar de sua história períodos de desigual prosperidade se sucediam aos de crise, agora coexistem prosperidade para a elite e crise eterna para a maior parte da humanidade. A tirania do dinheiro e da informação é fruto da crise estrutural de nosso período histórico, aprofundada pelo papel predatório do sistema financeiro gerido pelas grandes corporações, e amplificada pelo pensamento único e opressor de que sempre haverá uma recepção passiva por parte da sociedade nos processos de acumulação do capital. A ideologia dominante, de que o atual processo de globalização é irreversível, como se fosse o único caminho possível para o desenvolvimento da humanidade, deve ser superada. Isso porque esse modelo "globalitarista" — de uma globalização totalitária — tem ensejado nos últimos anos novas crises políticas, algumas persistentes como se fossem incontornáveis.

Por isso devemos deixar de lado o papel despótico que o pensamento único tem imposto. A manipulação da informação tem corroído o Estado e a capacidade de ultrapassarmos o modelo de desenvolvimento estabelecido em pilares ficcionais, como a já referida fábula da aldeia global, a contração do espaço-tempo, os prodígios da velocidade, ou ainda a farsa do cidadão do mundo. Governos e eventos atuais têm nos mostrado que as fronteiras, para a maioria das pessoas, estão mais vivas do que nunca. Os muros reais e metafóricos fragmentam o território e impõem obstáculos à superação da destinação que nos foi dada pelos que detêm o poder econômico, que não hesitarão, se lhes prouver, em deixar-nos nas mãos de cultuadores do totalitarismo.

Mas este não é um livro pessimista, como nos alerta o autor em sua introdução. É uma cadeia de reflexões que nos convida a considerar a possibilidade de um novo mundo. Juntos, podemos elaborar um sentimento que eu nomeio de esperança engajada. É o sentimento que se encontra no próprio título desta obra. A outra globalização que Milton Santos evoca é uma globalização humana a ser realizada neste período popular da história. As bases técnicas poderão estar a serviço dos fundamentos sociais e políticos de todos, e não apenas a serviço das grandes corporações. Só assim poderemos fundar uma nova história, baseada numa rede de reciprocidade horizontal que conhecemos como solidariedade. Uma globalização onde as filosofias e pensamentos autóctones não serão sufocados pelo racionalismo capitalista global. A hiperconexão própria de nosso tempo tem permitido o compartilhamento de experiências edificadoras, como contraponto à perversidade em voga. Experiências essas que contemplam as diferenças e forças da sociodiversidade e das culturas populares. Tudo isso fez Milton Santos entrever a possibilidade de um novo discurso, de uma metanarrativa plural que implica a descolonização do pensamento e, por sua vez, de nossas vidas. A universalidade deixará de ser uma utopia para, de fato, tornar-se uma experiência coletiva. É a globalização de "baixo para cima", que, sem seguir a direção vertical como a que nos foi imposta até o presente, espraia-se horizontalmente como só é possível na experiência solidária. Um novo modelo econômico, social e político já em curso nas escalas locais e que deverá alcançar a escala do planeta.

Só assim escreveremos uma nova história.

ITAMAR VIEIRA JUNIOR

Nasceu em Salvador (BA), em 1979. É geógrafo, doutor em Estudos Étnicos e Africanos pela Universidade Federal da Bahia e escritor. Seu romance *Torto arado*, publicado em 2019, venceu os Prêmios LeYa, Oceanos e Jabuti.

PREFÁCIO

Este livro quer ser uma reflexão independente sobre o nosso tempo, um pensamento sobre os seus fundamentos materiais e políticos, uma vontade de explicar os problemas e dores do mundo atual. Mas, apesar das dificuldades da era presente, quer também ser uma mensagem portadora de razões objetivas para prosseguir vivendo e lutando.

O trabalho intelectual no qual ele assenta é fruto de nossa dedicação ao entendimento do que hoje é o espaço geográfico, mas é também tributário de outras realidades e disciplinas acadêmicas.

Diferentemente de outros livros nossos, o leitor não encontrará aqui listagens copiosas de citações. Tais livros enfocavam questões da sociedade, verdadeiras teses, isto é, demonstrações sustentadas e ambiciosas, dirigidas sobretudo à seara acadêmica, levando, por isso, o autor a fazer, ao pequeno mundo dos colegas, a concessão das bibliografias copiosas. Todo mundo sabe que esta se tornou quase uma obrigação de *scholarship*, já que a academia gosta muito de citações, quantas vezes ociosas e até mesmo ridículas. Sem dúvida, este livro também se dirige a estudiosos, mas sobretudo deseja alcançar o vasto mundo, o que dispensa a obrigação cerimonial das referências. Não quer isso dizer que o autor imagine haver sozinho redescoberto a roda; sua experiência em diferentes momentos do século e em diversos países e continentes é também a experiência dos outros a quem leu ou escutou. Mas a originalidade é a interpretação ou a ênfase própria, a forma individual de combinar o que existe e o que é vislumbrado: a própria definição do que constitui uma ideia.

Este livro resulta de um longo trabalho, árduo e agradável. A grande maioria de seus capítulos é inédita em sua forma atual. E é também, de algum modo, uma reescritura de aulas, conferências, artigos de jornais e revistas, entrevistas à mídia, cada qual oferecendo um nível de discurso e a respectiva dificuldade. Somos muitíssimo gratos a todos os que colaboraram para esse diálogo e até mesmo àqueles que desconheciam estar participando de uma troca. Entre os primeiros, quero destacar os atuais companheiros do projeto acadêmico ambicioso que, desde 1983, venho conduzindo no Departamento de Geografia da Universidade de São Paulo: minha incansável colaboradora, doutora María Laura Silveira, que leu o conjunto do manuscrito, e a professora doutora Maria Angela Faggin Pereira Leite, assim como as doutorandas Adriana Bernardes, Cilene Gomes e Mónica Arroyo e os mestrandos Eliza Almeida, Fábio Contel, Flávia Grimm, Lídia Antongiovanni, Marcos Xavier, Paula Borin e Soraia Ramos. Ao Departamento de Geografia da Faculdade de Filosofia, Letras e Ciências Humanas, que me acolhe e estimula, e particularmente ao Laboratório de Geografia Política e Planejamento Territorial e Ambiental (Laboplan), coordenado por meu velho amigo Armen Mamigonian, vão, também, meus agradecimentos. Estes também incluem as colegas Maria Adélia A. de Souza, Rosa Ester Rossini e Ana Clara Torres Ribeiro, com quem colaboro há cerca de 20 anos.

Aos colaboradores gratuitos, encontrados em inúmeras viagens pelo país ou participantes de conferências, debates e congressos, sou também devedor pelas suas intervenções e sugestões. Sou grato à *Folha de S.Paulo* e ao *Correio Braziliense* pela autorização para republicação de artigos meus na sua forma original ou modificada. Ainda no capítulo dos agradecimentos, uma palavra especial vai à geógrafa Flávia Grimm, que teve a paciência de acolher os cansativos ditados de manuscrito de que resulta este livro. A assistência da geógrafa Paula Borin outra vez mostrou-se valiosa. Sou, também, muito sensível ao apoio recebido do Conselho Nacional de Desenvolvimento Científico e Tecnológico (CNPq), da Fundação de Amparo à Pesquisa do Estado de São Paulo (FAPESP).

Essas agências não contribuíram diretamente para este trabalho, mas a produção intelectual é sempre unitária, uma obra ou pesquisa sendo sempre um subproduto das demais. Também, como sempre, o estímulo recebido de minha mulher, Marie Hélène, foi muito precioso.

Ao contrário de um autor francês Joël de Rosnay, que, no prefácio ao seu livro *Le Macroscope*, sugeriu aos seus leitores começar a leitura por onde quisessem, devo fazer uma outra advertência. Se alguém ler inicialmente ou separadamente os primeiros capítulos, pode considerar o autor pessimista; e quem preferir os últimos, poderá imaginá-lo um otimista. Na realidade, o que buscamos foi, de um lado, tratar da realidade tal como ela é, ainda que se mostre pungente; e, de outro lado, sugerir a realidade tal como ela pode vir a ser, ainda que para os céticos nosso vaticínio atual apareça risonho.

A ênfase central do livro vem da convicção do papel da ideologia na produção, disseminação, reprodução e manutenção da globalização atual. Esse papel é, também, uma novidade do nosso tempo. Daí a necessidade de analisar seus princípios fundamentais, apontando suas linhas de fraqueza e de força. Nossa insistência sobre o papel da ideologia deriva da nossa convicção de que, diante dos mesmos materiais atualmente existentes, tanto é possível continuar a fazer do planeta um inferno, conforme no Brasil estamos assistindo, como também é viável realizar o seu contrário. Daí a relevância da política, isto é, da arte de pensar as mudanças e de criar as condições para torná-las efetivas. Aliás, as transformações que a história ultimamente vem mostrando permitem entrever a emergência de situações mais promissoras. Podem objetar-nos que a nossa crença na mudança do homem é injustificada. E se o que estiver mudando for o mundo?

Estamos convencidos de que a mudança histórica em perspectiva provirá de um movimento de baixo para cima, tendo como atores principais os países subdesenvolvidos e não os países ricos; os deserdados e os pobres e não os opulentos e outras classes obesas; o indivíduo liberado partícipe das novas massas e não o homem acorrentado; o pensamento livre e não o discurso único.

Como acreditamos na força das ideias — para o bem e para o mal — nesta fase da história, em filigrana aparecerá como constante o papel do intelectual no mundo de hoje, isto é, o papel do pensamento livre. Por isso, nos primeiros projetos de redação havia o intuito de dedicar um capítulo exclusivo à atividade intelectual genuína. Todavia achei melhor discutir esse papel em diferentes momentos da redação, sempre que a ocasião se levantava.

O livro é formado de seis partes, das quais a primeira é a introdução. A segunda inclui cinco capítulos e busca mostrar como se deu o processo de produção da globalização. Este tema já havia sido tratado de alguma forma em outras publicações e livros meus. A terceira parte, formada de seis capítulos, busca explicar por que a globalização atual é perversa, fundada na tirania da informação e do dinheiro, na competitividade, na confusão dos espíritos e na violência estrutural, acarretando o desfalecimento da política feita pelo Estado e a imposição de uma política comandada pelas empresas. A quarta parte mostra as relações mantidas entre a economia contemporânea, sobretudo as finanças, e o território. Esta parte é constituída de seis capítulos, dos quais o último poderia também se incluir na parte seguinte, pois, por meio da noção de esquizofrenia do território, mostramos como o espaço geográfico constitui um dos limites a essa globalização perversa. É essa ideia de limite à história atual que se impõe na quinta parte, em que são mostrados ao mesmo tempo os descaminhos da racionalidade dominante, a emergência de novas variáveis centrais e o papel dos pobres na produção do presente e do futuro. A sexta parte, uma espécie de conclusão, é dedicada ao que imaginamos ser, nesta passagem de século, a transição em marcha. Aqui, os temas versados realçam as manifestações pouco estudadas do país de baixo, desde a cultura até a política, raciocínio que se aplica também à própria periferia do sistema capitalista mundial, cuja centralidade apresentamos como um novo fator dinâmico da história. É, exatamente, porque esses atores, eficazes mas ainda pouco estudados, são largamente presentes, que acreditamos não ser a globalização atual irreversível e estamos convencidos de que a história universal apenas começa.

I
INTRODUÇÃO GERAL

1.

O mundo como fábula, como perversidade e como possibilidade

Vivemos num mundo confuso e confusamente percebido. Haveria nisto um paradoxo pedindo uma explicação? De um lado, é abusivamente mencionado o extraordinário progresso das ciências e das técnicas, das quais um dos frutos são os novos materiais artificiais que autorizam a precisão e a intencionalidade. De outro lado, há, também, referência obrigatória à aceleração contemporânea e todas as vertigens que cria, a começar pela própria velocidade. Todos esses, porém, são dados de um mundo físico fabricado pelo homem, cuja utilização, aliás, permite que o mundo se torne esse mundo confuso e confusamente percebido. Explicações mecanicistas são, todavia, insuficientes. É a maneira como, sobre essa base material, se produz a história humana que é a verdadeira responsável pela criação da torre de babel em que vive a nossa era globalizada. Quando tudo permite imaginar que se tornou possível a criação de um mundo veraz, o que é imposto aos espíritos é um mundo de fabulações, que se aproveita do alargamento de todos os contextos (M. Santos, *A natureza do espaço*, 1996) para consagrar um discurso único. Seus fundamentos são a informação e o seu império, que encontram alicerce na produção de imagens e do imaginário, e se põem a serviço do império do dinheiro, fundado este na economização e na monetarização da vida social e da vida pessoal.

De fato, se desejamos escapar à crença de que esse mundo assim apresentado é verdadeiro, e não queremos admitir a permanência de sua percepção enganosa, devemos considerar a existência de pelo menos três mundos num só. O primeiro seria o mundo tal como nos fazem vê-lo: a globalização como fábula; o segundo seria o mundo tal como ele é: a globalização como perversidade; e o terceiro, o mundo como ele pode ser: uma outra globalização.

O mundo tal como nos fazem crer: a globalização como fábula

Este mundo globalizado, visto como fábula, erige como verdade um certo número de fantasias, cuja repetição, entretanto, acaba por se tornar uma base aparentemente sólida de sua interpretação (Maria da Conceição Tavares, *Destruição não criadora*, 1999).

A máquina ideológica que sustenta as ações preponderantes da atualidade é feita de peças que se alimentam mutuamente e põem em movimento os elementos essenciais à continuidade do sistema. Damos aqui alguns exemplos. Fala-se, por exemplo, em aldeia global para fazer crer que a difusão instantânea de notícias realmente informa as pessoas. A partir desse mito e do encurtamento das distâncias — para aqueles que realmente podem viajar — também se difunde a noção de tempo e espaço contraídos. É como se o mundo se houvesse tornado, para todos, ao alcance da mão. Um mercado avassalador dito global é apresentado como capaz de homogeneizar o planeta quando, na verdade, as diferenças locais são aprofundadas. Há uma busca de uniformidade, ao serviço dos atores hegemônicos, mas o mundo se torna menos unido, tornando mais distante o sonho de uma cidadania verdadeiramente universal. Enquanto isso, o culto ao consumo é estimulado.

Fala-se, igualmente, com insistência, na morte do Estado, mas o que estamos vendo é seu fortalecimento para atender aos reclamos da finança e de outros grandes interesses internacionais, em detrimento dos cuidados com as populações cuja vida se torna mais difícil.

Esses poucos exemplos, recolhidos numa lista interminável, permitem indagar se, no lugar do fim da ideologia proclamado pelos que sustentam a bondade dos presentes processos de globalização, não estaríamos, de fato, diante da presença de uma ideologização maciça, segundo a qual a realização do mundo atual exige como condição essencial o exercício de fabulações.

O mundo como é: a globalização como perversidade

De fato, para a maior parte da humanidade a globalização está se impondo como uma fábrica de perversidades. O desemprego crescente torna-se crônico. A pobreza aumenta e as classes médias perdem em qualidade de vida. O salário médio tende a baixar. A fome e o desabrigo se generalizam em todos os continentes. Novas enfermidades como a SIDA se instalam e velhas doenças, supostamente extirpadas, fazem seu retorno triunfal. A mortalidade infantil permanece, a despeito dos progressos médicos e da informação. A educação de qualidade é cada vez mais inacessível. Alastram-se e aprofundam-se males espirituais e morais, como os egoísmos, os cinismos, a corrupção.

A perversidade sistêmica que está na raiz dessa evolução negativa da humanidade tem relação com a adesão desenfreada aos comportamentos competitivos que atualmente caracterizam as ações hegemônicas. Todas essas mazelas são direta ou indiretamente imputáveis ao presente processo de globalização.

O mundo como pode ser: uma outra globalização

Todavia, podemos pensar na construção de um outro mundo, mediante uma globalização mais humana. As bases materiais do período atual são, entre outras, a unicidade da técnica, a convergência dos momentos e o conhecimento do planeta. É nessas bases técnicas que o grande capital se apoia para construir a globalização perversa de que falamos anteriormente. Mas, essas mesmas bases técnicas poderão servir a outros objetivos, se forem postas a serviço de outros fundamentos sociais e políticos. Parece que as condições históricas do fim do século XX apontavam para esta última possibilidade. Tais novas condições tanto se dão no plano empírico quanto no plano teórico.

Considerando o que atualmente se verifica no plano empírico, podemos, em primeiro lugar, reconhecer um certo número de fatos novos indicativos da emergência de uma nova história. O primeiro desses fenômenos é a enorme mistura de povos, raças, culturas, gostos, em todos os continentes. A isso se acrescente, graças aos progressos da informação, a "mistura" de filosofias, em detrimento do racionalismo europeu. Um outro dado de nossa era, indicativo da possibilidade de mudanças, é a produção de uma população aglomerada em áreas cada vez menores, o que permite um ainda maior dinamismo àquela mistura entre pessoas e filosofias. As massas, de que falava Ortega y Gasset na primeira metade do século (*La rebelión de las masas*, 1937), ganham uma nova qualidade em virtude da sua aglomeração exponencial e de sua diversificação. Trata-se da existência de uma verdadeira sociodiversidade, historicamente muito mais significativa que a própria biodiversidade. Junte-se a esses fatos a emergência de uma cultura popular que se serve dos meios técnicos antes exclusivos da cultura de massas, permitindo-lhe exercer sobre esta última uma verdadeira revanche ou vingança.

É sobre tais alicerces que se edifica o discurso da escassez, afinal descoberta pelas massas. A população aglomerada em poucos pontos da superfície da Terra constitui uma das bases de reconstrução e de sobrevivência das relações locais, abrindo a possibilidade de utilização, a serviço dos homens, do sistema técnico atual.

No plano teórico, o que verificamos é a possibilidade de produção de um novo discurso, de uma nova metanarrativa, um novo grande relato. Esse novo discurso ganha relevância pelo fato de que, pela primeira vez na história do homem, se pode constatar a existência de uma universalidade empírica. A universalidade deixa de ser apenas uma elaboração abstrata na mente dos filósofos para resultar da experiência ordinária de cada homem. De tal modo, em um mundo datado como o nosso, a explicação do acontecer pode ser feita a partir de categorias de uma história concreta. É isso, também, que permite conhecer as possibilidades existentes e escrever uma nova história.

II
A PRODUÇÃO DA GLOBALIZAÇÃO

Introdução

A globalização é, de certa forma, o ápice do processo de internacionalização do mundo capitalista. Para entendê-la, como, de resto, a qualquer fase da história, há dois elementos fundamentais a levar em conta: o estado das técnicas e o estado da política.

Há uma tendência a separar uma coisa da outra. Daí muitas interpretações da história a partir das técnicas. E, por outro lado, interpretações da história a partir da política. Na realidade, nunca houve na história humana separação entre as duas coisas. As técnicas são oferecidas como um sistema e realizadas combinadamente através do trabalho e das formas de escolha dos momentos e dos lugares de seu uso. É isso que fez a história.

No fim do século XX e graças aos avanços da ciência, produziu-se um sistema de técnicas presidido pelas técnicas da informação, que passaram a exercer um papel de elo entre as demais, unindo-as e assegurando ao novo sistema técnico uma presença planetária.

Só que a globalização não é apenas a existência desse novo sistema de técnicas. Ela é também o resultado das ações que asseguram a emergência de um mercado dito global, responsável pelo essencial dos processos políticos atualmente eficazes. Os fatores que contribuem para explicar a arquitetura da globalização atual são: a unicidade da técnica, a convergência dos momentos, a cognoscibilidade do planeta e a existência de um motor único na história, representado pela mais--valia globalizada. Um mercado global utilizando esse sistema de técnicas avançadas resulta nessa globalização perversa. Isso poderia ser diferente se seu uso político fosse outro. Esse é o debate central, o único que nos permite ter a esperança de utilizar o sistema técnico contemporâneo a partir de outras formas de ação. Pretendemos, aqui, enfrentar essa discussão, analisando rapidamente alguns dos seus aspectos constitucionais mais relevantes.

1.

A unicidade técnica

O desenvolvimento da história vai de par com o desenvolvimento das técnicas. Kant dizia que a história é um progresso sem fim; acrescentemos que é também um progresso sem fim das técnicas. A cada evolução técnica, uma nova etapa histórica se torna possível.

As técnicas se dão como famílias. Nunca, na história do homem, aparece uma técnica isolada; o que se instala são grupos de técnicas, verdadeiros sistemas. Um exemplo banal pode ser dado com a foice, a enxada, o ancinho, que constituem, num dado momento, uma família de técnicas.

Essas famílias de técnicas transportam uma história, cada sistema técnico representa uma época. Em nossa época, o que é representativo do sistema de técnicas atual é a chegada da técnica da informação, por meio da cibernética, da informática, da eletrônica. Ela vai permitir duas grandes coisas: a primeira é que as diversas técnicas existentes passam a se comunicar entre elas. A técnica da informação assegura esse comércio, que antes não era possível. Por outro lado, ela tem um papel determinante sobre o uso do tempo, permitindo, em todos os lugares, a convergência dos momentos, assegurando a simultaneidade das ações e, por conseguinte, acelerando o processo histórico.

Ao surgir uma nova família de técnicas, as outras não desaparecem. Continuam existindo, mas o novo conjunto de instrumentos passa a ser usado pelos novos atores hegemônicos, enquanto os não hegemônicos continuam utilizando conjuntos menos atuais e menos poderosos. Quando um determinado ator não tem as condições para mobilizar as técnicas consideradas mais avançadas, torna-se, por isso mesmo, um ator de menor importância no período atual.

Na história da humanidade é a primeira vez que tal conjunto de técnicas envolve o planeta como um todo e faz sentir, instantaneamente, sua presença. Isso, aliás, contamina a forma de existência das outras técnicas, mais atrasadas. As técnicas características do nosso tempo, presentes que sejam em um só ponto do território, têm uma influência marcante sobre o resto do país, o que é bem diferente das situações anteriores. Por exemplo, a estrada de ferro instalada em regiões selecionadas, escolhidas estrategicamente, alcançava uma parte do país, mas não tinha uma influência direta determinante sobre o resto do território. Agora não. A técnica da informação alcança a totalidade de cada país, direta ou indiretamente. Cada lugar tem acesso ao acontecer dos outros. O princípio de seletividade se dá também como princípio de hierarquia, porque todos os outros lugares são avaliados e devem se referir àqueles dotados das técnicas hegemônicas. Esse é um fenômeno novo na história das técnicas e na história dos territórios. Antes havia técnicas hegemônicas e não hegemônicas; hoje, as técnicas não hegemônicas são hegemonizadas. Na verdade, porém, a técnica não pode ser vista como um dado absoluto, mas como técnica já relativizada, isto é, tal como usada pelo homem. As técnicas apenas se realizam, tornando-se história, com a intermediação da política, isto é, da política das empresas e da política dos Estados, conjunta ou separadamente.

Por outro lado, o sistema técnico dominante no mundo de hoje tem uma outra característica, isto é, a de ser invasor. Ele não se contenta em ficar ali onde primeiro se instala e busca espalhar-se, na produção e no território. Pode não o conseguir, mas é essa sua vocação, que é também fundamento da ação dos atores hegemônicos, como, por exemplo, as empresas globais. Estas funcionam a partir de uma fragmentação, já que um pedaço da produção pode ser feita na Tunísia, outro na Malásia, outro ainda no Paraguai, mas isto apenas é possível porque a técnica hegemônica de que falamos é presente ou passível de presença em toda parte. Tudo se junta e articula depois mediante a "inteligência" da firma. Senão não poderia haver empresa transnacional. Há, pois, uma relação estreita entre esse aspecto da economia da globalização e a natureza do fenômeno técnico correspondente a este período histórico. Se a produção se fragmenta tecnicamente, há, do outro lado, uma unidade política de comando. Essa unidade política de comando funciona no interior das firmas, mas não há propriamente uma unidade de comando do mercado global. Cada empresa comanda as respectivas operações dentro da sua respectiva topologia, isto é, do conjunto de lugares da sua ação, enquanto a ação dos Estados e das instituições supranacionais não basta para impor uma ordem global. Levando ao extremo esse raciocínio, poder-se-ia dizer que o mercado global não existe como tal.

Há uma relação de causa e efeito entre o progresso técnico atual e as demais condições de implantação do atual período histórico. É a partir da unicidade das técnicas, da qual o computador é uma peça central, que surge a possibilidade de existir uma finança universal, principal responsável pela imposição a todo o globo de uma mais-valia mundial. Sem ela, seria também impossível a atual unicidade do tempo, o acontecer local sendo percebido como um elo do acontecer mundial. Por outro lado, sem a mais-valia globalizada e sem essa unicidade do tempo, a unicidade da técnica não teria eficácia.

2.

A convergência dos momentos

A unicidade do tempo não é apenas o resultado de que, nos mais diversos lugares, a hora do relógio é a mesma. Não é somente isso. Se a hora é a mesma, convergem, também, os momentos vividos. Há uma confluência dos momentos como resposta àquilo que, do ponto de vista da física, chama-se de tempo real e, do ponto de vista histórico, será chamado de interdependência e solidariedade do acontecer. Tomada como fenômeno físico, a percepção do tempo real não só quer dizer que a hora dos relógios é a mesma, mas que podemos usar esses relógios múltiplos de maneira uniforme. Resultado do progresso científico e técnico, cuja busca se acelerou com a Segunda Guerra, a operação planetária das grandes empresas globais vai revolucionar o mundo das finanças, permitindo ao respectivo mercado que funcione em diversos lugares durante o dia inteiro. O tempo real também autoriza usar o mesmo momento a partir de múltiplos lugares; e todos os lugares a partir de um só deles. E, em ambos os casos, de forma concatenada e eficaz.

Com essa grande mudança na história, tornamo-nos capazes, seja onde for, de ter conhecimento do que é o acontecer do outro. Nunca houve antes essa possibilidade oferecida pela técnica à nossa geração de ter em mãos o conhecimento instantâneo do acontecer do outro. Essa é a grande novidade, o que estamos chamando de unicidade do tempo ou convergência dos momentos. A aceleração da história, que o fim do século XX testemunha, vem em grande parte disto. Mas a informação instantânea e globalizada por enquanto não é generalizada e veraz porque atualmente intermediada pelas grandes empresas da informação.

E quem são os atores do tempo real? Somos todos nós? Esta pergunta é um imperativo para que possamos melhor compreender nossa época. A ideologia de um mundo só e da aldeia global considera o tempo real como um patrimônio coletivo da humanidade. Mas ainda estamos longe desse ideal, todavia alcançável.

A história é comandada pelos grandes atores desse tempo real, que são, ao mesmo tempo, os donos da velocidade e os autores do discurso ideológico. Os homens não são igualmente atores desse tempo real. Fisicamente, isto é, potencialmente, ele existe para todos. Mas efetivamente, isto é, socialmente, ele é excludente e assegura exclusividades, ou, pelo menos, privilégios de uso. Como ele é utilizado por um número reduzido de atores, devemos distinguir entre a noção de fluidez potencial e a noção de fluidez efetiva. Se a técnica cria aparentemente para todos a possibilidade da fluidez, quem, todavia, é fluido realmente? Que empresas são realmente fluidas? Que pessoas? Quem, de fato, utiliza em seu favor esse tempo real? A quem, realmente, cabe a mais-valia criada a partir dessa nova possibilidade de utilização do tempo? Quem pode e quem não pode? Essa discussão leva-nos a uma outra, na fase atual do capitalismo, ao tomarmos em conta a emergência de um novo fator determinante da história, representado pelo que aqui estamos denominando de *motor único*.

3.

O motor único

Este período dispõe de um sistema unificado de técnicas, instalado sobre um planeta informado e permitindo ações igualmente globais. Até que ponto podemos falar de uma mais-valia à escala mundial, atuando como um motor único de tais ações?

Havia, com o imperialismo, diversos motores, cada qual com sua força e alcance próprios: o motor francês, o motor inglês, o motor alemão, o motor português, o belga, o espanhol etc., que eram todos motores do capitalismo, mas empurravam as máquinas e os homens segundo ritmos diferentes, modalidades diferentes, combinações diferentes. Hoje haveria um motor único que é, exatamente, a mencionada mais-valia universal.

Esta tornou-se possível porque a partir de agora a produção se dá à escala mundial, por intermédio de empresas mundiais, que competem entre si segundo uma concorrência extremamente feroz, como jamais existiu. As que resistem e sobrevivem são aquelas que obtêm a mais-valia maior, permitindo-se, assim, continuar a proceder e a competir.

Esse motor único se tornou possível porque nos encontramos em um novo patamar da internacionalização, com uma verdadeira mundialização do produto, do dinheiro, do crédito, da dívida, do consumo, da informação. Esse conjunto de mundializações, uma sustentando e arrastando a outra, impondo-se mutuamente, é também um fato novo.

Um elemento da internacionalização atrai outro, impõe outro, contém e é contido pelo outro. Esse sistema de forças pode levar a pensar que o mundo se encaminha para algo como uma homogeneização, uma vocação a um padrão único, o que seria devido, de um lado, à mundialização da técnica, de outro, à mundialização da mais-valia.

Tudo isso é realidade, mas também e sobretudo tendência, porque em nenhum lugar, em nenhum país, houve completa internacionalização. O que há em toda parte é uma vocação às mais diversas combinações de vetores e formas de mundialização.

Pretendemos que a história, agora, seja movida por esse motor único. Cabe, assim, indagar qual seria a sua natureza. Será ele abstrato? Que é essa mais-valia considerada ao nível global? Ela é fugidia e nos escapa, mas não é abstrata. Ela existe e se impõe como coisa real, embora não seja propriamente mensurável, já que está sempre evoluindo, isto é, mudando. Ela é "mundial" porque entretida pelas empresas globais que se valem dos progressos científicos e técnicos disponíveis no mundo e pedem, todos os dias, mais progresso científico e técnico.

A atual competitividade entre as empresas é uma forma de exercício dessa mais-valia universal, que se torna fugidia exatamente porque deixamos o mundo da competição e entramos no mundo da competitividade. O exercício da competitividade torna exponencial a briga entre as empresas e as conduz a alimentar uma demanda diuturna de mais ciência, de mais tecnologia, de melhor organização, para manter-se à frente da corrida.

Quando, na universidade, somos solicitados todos os dias a trabalhar para melhorar a produtividade como se fosse algo abstrato e individual, estamos impelidos a oferecer às grandes empresas possibilidades ainda maiores de aumentar sua mais-valia. Novos laboratórios são chamados a encontrar as novas técnicas, os novos materiais, as novas soluções organizacionais e políticas que permitam às empresas fazer crescer a sua produtividade e o seu lucro. A cada avanço de uma empresa, outra do mesmo ramo solicita inovações que lhe permitam passar à frente da que antes era a campeã. Por isso, tal mais-valia está sempre correndo, quer dizer, fugindo para a frente. Um corte no tempo é idealmente possível, mas está longe de expressar a realidade atual cruelmente instável. Por isso não se pode, desse modo, medi-la, mas ela existe. Se ela pode parecer abstrata, a mais-valia agora universal na verdade se impõe como um dado empírico, objetivo, quando utilizada no processo da produção e como resultado da competitividade.

4.

A cognoscibilidade do planeta

O período histórico atual vai permitir o que nenhum outro período ofereceu ao homem, isto é, a possibilidade de conhecer o planeta extensiva e aprofundadamente. Isto nunca existiu antes, e deve-se, exatamente, aos progressos da ciência e da técnica (melhor ainda, aos progressos da técnica devidos aos progressos da ciência).

Esse período técnico-científico da história permite ao homem não apenas utilizar o que encontra na natureza: novos materiais são criados nos laboratórios como um produto da inteligência do homem, e precedem a produção dos objetos. Até a nossa geração, utilizávamos os materiais que estavam à nossa disposição. Mas a partir de agora podemos conceber os objetos que desejamos utilizar e então produzimos a matéria-prima indispensável à sua fabricação. Sem isso não teria sido possível fazer os satélites que fotografam o planeta a intervalos regulares, permitindo uma visão mais completa e detalhada da Terra. Por meio dos satélites, passamos a conhecer todos os lugares e a observar outros astros. O funcionamento do sistema solar torna-se mais perceptível, enquanto a Terra é vista em detalhe; pelo fato de que os satélites repetem suas órbitas, podemos captar momentos sucessivos, isto é, não mais apenas retratos momentâneos e fotografias isoladas do planeta. Isso não quer dizer que tenhamos, assim, os processos históricos que movem o mundo, mas ficamos mais perto de identificar momentos dessa evolução. Os objetos retratados nos dão geometrias, não propriamente geografias, porque nos chegam como objetos em si, sem a sociedade vivendo dentro deles. O sentido que têm as coisas, isto é, seu verdadeiro valor, é o fundamento da correta interpretação de tudo o que existe. Sem isso, corremos o risco de não ultrapassar uma interpretação coisicista de algo que é muito mais que uma simples coisa, como os objetos da história. Estes estão sempre mudando de significado, com o movimento das sociedades e por intermédio das ações humanas sempre renovadas.

Com a globalização e por meio da empiricização da universalidade que ela possibilitou, estamos mais perto de construir uma filosofia das técnicas e das ações correlatas, que seja também uma forma de conhecimento concreto do mundo tomado como um todo e das particularidades dos lugares, que incluem condições físicas, naturais ou artificiais e condições políticas. As empresas, na busca da mais-valia desejada, valorizam diferentemente as localizações. Não é qualquer lugar que interessa a tal ou qual firma. A cognoscibilidade do planeta constitui um dado essencial à operação das empresas e à produção do sistema histórico atual.

5.

Um período que é uma crise

A história do capitalismo pode ser dividida em períodos, pedaços de tempo marcados por certa coerência entre as suas variáveis significativas, que evoluem diferentemente, mas dentro de um sistema. Um período sucede a outro, mas não podemos esquecer que os períodos são, também, antecedidos e sucedidos por crises, isto é, momentos em que a ordem estabelecida entre as variáveis, mediante uma organização, é comprometida. Torna-se impossível harmonizá-las quando uma dessas variáveis ganha expressão maior e introduz um princípio de desordem.

Essa foi a evolução comum a toda a história do capitalismo, até recentemente. O período atual escapa a essa característica porque ele é, ao mesmo tempo, um período e uma crise, isto é, a presente fração do tempo histórico constitui uma verdadeira superposição entre período e crise, revelando características de ambas essas situações.

Como período e como crise, a época atual mostra-se, aliás, como coisa nova. Como período, as suas variáveis características instalam-se em toda parte e a tudo influenciam, direta ou indiretamente. Daí a denominação de globalização. Como crise, as mesmas variáveis construtoras do sistema estão continuamente chocando-se e exigindo novas definições e novos arranjos. Trata-se, porém, de uma crise persistente dentro de um período com características duradouras, mesmo se novos contornos aparecem.

Este período e esta crise são diferentes daqueles do passado, porque os dados motores e os respectivos suportes, que constituem fatores de mudança, não se instalam gradativamente como antes, nem tampouco são o privilégio de alguns continentes e países, como outrora. Tais fatores dão-se concomitantemente e se realizam com muita força em toda parte.

Defrontamo-nos, agora, com uma subdivisão extrema do tempo empírico, cuja documentação tornou-se possível por meio das técnicas contemporâneas. O computador é o instrumento de medida e, ao mesmo tempo, o controlador do uso do tempo. Essa multiplicação do tempo é, na verdade, potencial, porque, de fato, cada ator — pessoa, empresa, instituição, lugar — utiliza diferentemente tais possibilidades e realiza diferentemente a velocidade do mundo. Por outro lado, e graças sobretudo aos progressos das técnicas da informática, os fatores hegemônicos de mudança contagiam os demais, ainda que a presteza e o alcance desse contágio sejam diferentes segundo as empresas, os grupos sociais, as pessoas, os lugares. Por intermédio do dinheiro, o contágio das lógicas redutoras, típicas do processo de globalização, leva a toda parte um nexo contábil, que avassala tudo. Os fatores de mudança anteriormente enumerados são, pela mão dos atores hegemônicos, incontroláveis, cegos, egoisticamente contraditórios.

O processo da crise é permanente, o que temos são crises sucessivas. Na verdade, trata-se de uma crise global, cuja evidência tanto se faz por meio de fenômenos globais como de manifestações particulares, neste ou naquele país, neste ou naquele momento, mas para produzir o novo estágio de crise. Nada é duradouro.

Então, neste período histórico, a crise é estrutural. Por isso, quando se buscam soluções não estruturais, o resultado é a geração de mais crise. O que é considerado solução parte do exclusivo interesse dos atores hegemônicos, tendendo a participar de sua própria natureza e de suas próprias características.

Tirania do dinheiro e tirania da informação são os pilares da produção da história atual do capitalismo globalizado. Sem o controle dos espíritos seria impossível a regulação pelas finanças. Daí o papel avassalador do sistema financeiro e a permissividade do comportamento dos atores hegemônicos, que agem sem contrapartida, levando ao aprofundamento da situação, isto é, da crise.

A associação entre a tirania do dinheiro e a tirania da informação conduz, desse modo, à aceleração dos processos hegemônicos, legitimados pelo "pensamento único", enquanto os demais processos acabam por ser deglutidos ou se adaptam passiva ou ativamente, tornando-se hegemonizados. Em outras palavras, os processos não hegemônicos tendem seja a desaparecer fisicamente, seja a permanecer, mas de forma subordinada, exceto em algumas áreas da vida social e em certas frações do território onde podem manter-se relativamente autônomos, isto é, capazes de uma reprodução própria. Mas tal situação é sempre precária, seja porque os resultados localmente obtidos são menores, seja porque os respectivos agentes são permanentemente ameaçados pela concorrência das atividades mais poderosas.

No período histórico atual, o estrutural (dito dinâmico) é, também, crítico. Isso se deve, entre outras razões, ao fato de que a era presente se caracteriza pelo uso extremado de técnicas e de normas. O uso extremado das técnicas e a proeminência do pensamento técnico conduzem à necessidade obsessiva de normas. Essa pletora normativa é indispensável à eficácia da ação. Como, porém, as atividades hegemônicas tendem a uma centralização, consecutiva à concentração da economia, aumenta a inflexibilidade dos comportamentos, acarretando um mal-estar no corpo social.

A isso se acrescente o fato de que, graças ao casamento entre as técnicas normativas e a normalização técnica e política da ação correspondente, a própria política acaba por instalar-se em todos os interstícios do corpo social, seja como necessidade para o exercício das ações dominantes, seja como reação a essas mesmas ações. Mas não é propriamente de política que se trata, mas de simples acúmulo de normatizações particularistas, conduzidas por atores privados que ignoram o interesse social ou que o tratam de modo residual. É uma outra razão pela qual a situação normal é de crise, ainda que os famosos equilíbrios macroeconômicos se instalem.

O mesmo sistema ideológico que justifica o processo de globalização, ajudando a considerá-lo o único caminho histórico, acaba, também, por impor uma certa visão da crise e a aceitação dos remédios sugeridos. Em virtude disso, todos os países, lugares e pessoas passam a se comportar, isto é, a organizar sua ação, como se tal "crise" fosse a mesma para todos e como se a receita para afastá-la devesse ser geralmente a mesma. Na verdade, porém, a única crise que os responsáveis desejam afastar é a crise financeira e não qualquer outra. Aí está, na verdade, uma causa para mais aprofundamento da crise real — econômica, social, política, moral — que caracteriza o nosso tempo.

III

UMA GLOBALIZAÇÃO PERVERSA

Introdução

Os últimos anos do século XX testemunharam grandes mudanças em toda a face da Terra. O mundo torna-se unificado — em virtude das novas condições técnicas, bases sólidas para uma ação humana mundializada. Esta, entretanto, impõe-se à maior parte da humanidade como uma globalização perversa.

Consideramos, em primeiro lugar, a emergência de uma dupla tirania, a do dinheiro e a da informação, intimamente relacionadas. Ambas, juntas, fornecem as bases do sistema ideológico que legitima as ações mais características da época e, ao mesmo tempo, buscam conformar segundo um novo *ethos* as relações sociais e interpessoais, influenciando o caráter das pessoas. A competitividade, sugerida pela produção e pelo consumo, é a fonte de novos totalitarismos, mais facilmente aceitos graças à confusão dos espíritos que se instala. Tem as mesmas origens a produção, na base mesma da vida social, de uma violência estrutural, facilmente visível nas formas de agir dos Estados, das empresas e dos indivíduos. A perversidade sistêmica é um dos seus corolários.

Dentro desse quadro, as pessoas sentem-se desamparadas, o que também constitui uma incitação a que adotem, em seus comportamentos ordinários, práticas que alguns decênios atrás eram moralmente condenadas. Há um verdadeiro retrocesso quanto à noção de bem público e de solidariedade, do qual é emblemático o encolhimento das funções sociais e políticas do Estado com a ampliação da pobreza e os crescentes agravos à soberania, enquanto se amplia o papel político das empresas na regulação da vida social.

1.

A tirania da informação e do dinheiro e o atual sistema ideológico

Entre os fatores constitutivos da globalização, em seu caráter perverso atual, encontram-se a forma como a informação é oferecida à humanidade e a emergência do dinheiro em estado puro como motor da vida econômica e social. São duas violências centrais, alicerces do sistema ideológico que justifica as ações hegemônicas e leva ao império das fabulações, a percepções fragmentadas e ao discurso único do mundo, base dos novos totalitarismos — isto é, dos globalitarismos — a que estamos assistindo.

A violência da informação

Um dos traços marcantes do atual período histórico é, pois, o papel verdadeiramente despótico da informação. Conforme já vimos, as novas condições técnicas deveriam permitir a ampliação do conhecimento do planeta, dos objetos que o formam, das sociedades que o habitam e dos homens em sua realidade intrínseca. Todavia, nas condições atuais, as técnicas da informação são principalmente utilizadas por um punhado de atores em função de seus objetivos particulares. Essas técnicas da informação (por enquanto) são apropriadas por alguns Estados e por algumas empresas, aprofundando assim os processos de criação de desigualdades. É desse modo que a periferia do sistema capitalista acaba se tornando ainda mais periférica, seja porque não dispõe totalmente dos novos meios de produção, seja porque lhe escapa a possibilidade de controle.

O que é transmitido à maioria da humanidade é, de fato, uma informação manipulada que, em lugar de esclarecer, confunde. Isso tanto é mais grave porque, nas condições atuais da vida econômica e social, a informação constitui um dado essencial e imprescindível. Mas na medida em que o que chega às pessoas, como também às empresas e instituições hegemonizadas, é, já, o resultado de uma manipulação, tal informação se apresenta como ideologia. O fato de que, no mundo de hoje, o discurso antecede quase obrigatoriamente uma parte substancial das ações humanas — sejam elas a técnica, a produção, o consumo, o poder — explica o porquê da presença generalizada do ideológico em todos esses pontos. Não é de estranhar, pois, que realidade e ideologia se confundam na apreciação do homem comum, sobretudo porque a ideologia se insere nos objetos e apresenta-se como coisa.

Estamos diante de um novo "encantamento do mundo", no qual o discurso e a retórica são o princípio e o fim. Esse imperativo e essa onipresença da informação são insidiosos, já que a informação atual tem dois rostos, um pelo qual ela busca instruir, e um outro, pelo qual ela busca convencer. Este é o trabalho da publicidade. Se a informação tem, hoje, essas duas caras, a cara do convencer se torna muito mais presente, na medida em que a publicidade se transformou em algo que antecipa a produção. Brigando pela sobrevivência e hegemonia, em função da competitividade, as empresas não podem existir sem publicidade, que se tornou o nervo do comércio.

Há uma relação carnal entre o mundo da produção da notícia e o mundo da produção das coisas e das normas. A publicidade tem, hoje, uma penetração muito grande em todas as atividades. Antes, havia uma incompatibilidade ética entre anunciar e exercer certas atividades, como na profissão médica, ou na educação. Hoje, propaga-se tudo, e a própria política é, em grande parte, subordinada às suas regras.

As mídias nacionais se globalizam, não apenas pela chatice e mesmice das fotografias e dos títulos, mas pelos protagonistas mais presentes. Falsificam-se os eventos, já que não é propriamente o fato o que a mídia nos dá, mas uma interpretação, isto é, a notícia. Pierre Nora, em um bonito texto, cujo título é "O retorno do fato" (in *História: Novos problemas*, 1974), lembra que, na aldeia, o testemunho das pessoas que veiculam o que aconteceu pode ser cotejado com o testemunho do vizinho. Numa sociedade complexa como a nossa, somente vamos saber o que houve na rua ao lado dois dias depois, mediante uma interpretação marcada pelos humores, visões, preconceitos e interesses das agências. O evento já é entregue maquiado ao leitor, ao ouvinte, ao telespectador, e é também por isso que se produzem no mundo de hoje, simultaneamente, fábulas e mitos.

Fábulas

Uma dessas fabulações é a tão repetida ideia de aldeia global (Octávio Ianni, *Teorias da globalização*, 1996). O fato de que a comunicação se tornou possível à escala do planeta, deixando saber instantaneamente o que se passa em qualquer lugar, permitiu que fosse cunhada essa expressão, quando, na verdade, ao contrário do que se dá nas verdadeiras aldeias, é frequentemente mais fácil comunicar com quem está longe do que com o vizinho. Quando essa comunicação se faz, na realidade, ela se dá com a intermediação de objetos. A informação sobre o que acontece não vem da interação entre as pessoas, mas do que é veiculado pela mídia, uma interpretação interessada, senão interesseira, dos fatos.

Um outro mito é o do espaço e do tempo contraídos, graças, outra vez, aos prodígios da velocidade. Só que a velocidade apenas está ao alcance de um número limitado de pessoas, de tal forma que, segundo as possibilidades de cada um, as distâncias têm significações e efeitos diversos e o uso do mesmo relógio não permite igual economia do tempo.

Aldeia global tanto quanto espaço-tempo contraído permitiriam imaginar a realização do sonho de um mundo só, já que, pelas mãos do mercado global, coisas, relações, dinheiros, gostos largamente se difundem por sobre continentes, raças, línguas, religiões, como se as particularidades tecidas ao longo de séculos houvessem sido todas esgarçadas. Tudo seria conduzido e, ao mesmo tempo, homogeneizado pelo mercado global regulador. Será, todavia, esse mercado regulador? Será ele global? O fato é que apenas três praças, Nova Iorque, Londres e Tóquio, concentram mais de metade de todas as transações e ações; as empresas transnacionais são responsáveis pela maior parte do comércio dito mundial; os 47 países menos avançados representam juntos apenas 0,3% do comércio mundial, em lugar dos 2,3% em 1960 (Y. Berthelot, "Globalisation et régionalisation: une mise en perspective", in *L'integration régionale dans le monde*, GEMDEV, 1994), enquanto 40% do comércio dos Estados Unidos ocorre no interior das empresas (N. Chomsky, *Folha de S.Paulo*, 25 de abril de 1993).

Fala-se, também, de uma humanidade desterritorializada, uma de suas características sendo o desfalecimento das fronteiras como imperativo da globalização, e a essa ideia dever-se-ia uma outra: a da existência, já agora, de uma cidadania universal. De fato, as fronteiras mudaram de significação, mas nunca estiveram tão vivas, na medida em que o próprio exercício das atividades globalizadas não prescinde de uma ação governamental capaz de torná-las efetivas dentro de um território. A humanidade desterritorializada é apenas um mito. Por outro lado, o exercício da cidadania, mesmo se avança a noção de moralidade internacional, é, ainda, um fato que depende da presença e da ação dos Estados nacionais.

Esse mundo como fábula é alimentado por outros ingredientes, entre os quais a politização das estatísticas, a começar pela forma pela qual é feita a comparação da riqueza entre as nações. No fundo, nas condições atuais, o chamado Produto Nacional Bruto é apenas um nome fantasia do que poderíamos chamar de produto global, já que as quantidades que entram nessa contabilidade são aquelas que se referem às operações que caracterizam a própria globalização.

Afirma-se, também, que a "morte do Estado" melhoraria a vida dos homens e a saúde das empresas, na medida em que permitiria a ampliação da liberdade de produzir, de consumir e de viver. Tal neoliberalismo seria o fundamento da democracia. Observando o funcionamento concreto da sociedade econômica e da sociedade civil, não é difícil constatar que são cada vez em menor número as empresas que se beneficiam desse desmaio do Estado, enquanto a desigualdade entre os indivíduos aumenta.

Sem essas fábulas e mitos, este período histórico não existiria como é. Também não seria possível a violência do dinheiro. Este só se torna violento e tirânico porque é servido pela violência da informação. Esta se prevalece do fato de que, no fim do século XX, a linguagem ganha autonomia, constituindo sua própria lei. Isso facilita a entronização de um subsistema ideológico, sem o qual a globalização, em sua forma atual, não se explicaria.

A violência do dinheiro

A internacionalização do capital financeiro amplia-se, recentemente, por várias razões. Na fase histórica atual, as megafirmas devem, obrigatoriamente, preocupar-se com o uso financeiro do dinheiro que obtêm. As grandes empresas são, quase que compulsoriamente, ladeadas por grandes empresas financeiras.

Essas empresas financeiras das multinacionais utilizam em grande parte a poupança dos países em que se encontram. Quando uma firma de qualquer outro país se instala num país C ou D, as poupanças internas passam a participar da lógica financeira e do trabalho financeiro dessa multinacional. Quando expatriado, esse dinheiro pode regressar ao país de origem na forma de crédito e de dívida, quer dizer, por intermédio das grandes empresas globais. O que seria poupança interna transforma-se em poupança externa, pela qual os países recipiendários devem pagar juros extorsivos. O que sai do país como royalties, inteligência comprada, pagamento de serviços ou remessa de lucros volta como crédito e dívida. Essa é a lógica atual da internacionalização do crédito e da dívida. A aceitação de um modelo econômico em que o pagamento da dívida é prioritário implica a aceitação da lógica desse dinheiro.

Nas condições atuais de economia internacional, o financeiro ganha uma espécie de autonomia. Por isso, a relação entre a finança e a produção, entre o que agora se chama economia real e o mundo da finança, dá lugar àquilo que Marx chamava de loucura especulativa, fundada no papel do dinheiro em estado puro. Este se torna o centro do mundo. É o dinheiro como, simplesmente, dinheiro, recriando seu fetichismo pela ideologia. O sistema financeiro descobre fórmulas imaginosas, inventa sempre novos instrumentos, multiplica o que chama de derivativos, que são formas sempre renovadas de oferta dessa mercadoria aos especuladores. O resultado é que a especulação exponencial assim redefinida vai se tornar algo indispensável, intrínseco, ao sistema, graças aos processos técnicos da nossa época. É o tempo real que vai permitir a rapidez das operações e a volatilidade dos *assets*. E a finança move a economia e a deforma, levando seus tentáculos a todos os aspectos da vida. Por isso, é lícito falar de tirania do dinheiro.

Se o dinheiro em estado puro se tornou despótico, isso também se deve ao fato de que tudo se torna valor de troca. A monetarização da vida cotidiana ganhou, no mundo inteiro, um enorme terreno nos últimos 25 anos. Essa presença do dinheiro em toda parte acaba por constituir um dado ameaçador da nossa existência cotidiana.

As percepções fragmentadas e o discurso único do "mundo"

É a partir dessa generalização e dessa coisificação da ideologia que, de um lado, se multiplicam as percepções fragmentadas e, de outro, pode estabelecer-se um discurso único do "mundo", com implicações na produção econômica e nas visões da história contemporânea, na cultura de massa e no mercado global.

As bases materiais históricas dessa mitificação estão na realidade da técnica atual. A técnica apresenta-se ao homem comum como um mistério e uma banalidade. De fato, a técnica é mais aceita do que compreendida. Como tudo parece dela depender, ela se apresenta como uma necessidade universal, uma presença indiscutível, dotada de uma força quase divina à qual os homens acabam se rendendo sem buscar entendê-la. É um fato comum no cotidiano de todos, por conseguinte, uma banalidade, mas seus fundamentos e seu alcance escapam à percepção imediata, daí seu mistério. Tais características alimentam seu imaginário, alicerçado nas suas relações com a ciência, na sua exigência de racionalidade, no absolutismo com que, a serviço do mercado, conforma os comportamentos; tudo isso fazendo crer na sua inevitabilidade.

Quando o sistema político formado pelos governos e pelas empresas utiliza os sistemas técnicos contemporâneos e seu imaginário para produzir a atual globalização, aponta-nos para formas de relações econômicas implacáveis, que não aceitam discussão e exigem obediência imediata, sem a qual os atores são expulsos da cena ou permanecem escravos de uma lógica indispensável ao funcionamento do sistema como um todo.

É uma forma de totalitarismo muito forte e insidiosa, porque se baseia em noções que parecem centrais à própria ideia da democracia — liberdade de opinião, de imprensa, tolerância —, utilizadas exatamente para suprimir a possibilidade de conhecimento do que é o mundo, e do que são os países e os lugares.

2.

Competitividade, consumo, confusão dos espíritos, globalitarismo

Neste mundo globalizado, a competitividade, o consumo, a confusão dos espíritos constituem baluartes do presente estado de coisas. A competitividade comanda nossas formas de ação. O consumo comanda nossas formas de inação. E a confusão dos espíritos impede o nosso entendimento do mundo, do país, do lugar, da sociedade e de cada um de nós mesmos.

A competitividade, a ausência de compaixão

Nos últimos cinco séculos de desenvolvimento e expansão geográfica do capitalismo, a concorrência se estabelece como regra. Agora, a competitividade toma o lugar da competição. A concorrência atual não é mais a velha concorrência, sobretudo porque chega eliminando toda forma de compaixão. A competitividade tem a guerra como norma. Há, a todo custo, que vencer o outro, esmagando-o, para tomar seu lugar. Os últimos anos do século XX foram emblemáticos, porque neles se realizaram grandes concentrações, grandes fusões, tanto na órbita da produção como na das finanças e da informação. Esse movimento marca um ápice do sistema capitalista, mas é também indicador do seu paroxismo, já que a identidade dos atores, até então mais ou menos visível, agora finalmente aparece aos olhos de todos.

Essa guerra como norma justifica toda forma de apelo à força, a que assistimos em diversos países, um apelo não dissimulado, utilizado para dirimir os conflitos e consequência dessa ética da competitividade que caracteriza nosso tempo. Ora, é isso também que justifica os individualismos arrebatadores e possessivos: individualismos na vida econômica (a maneira como as empresas batalham umas com as outras); individualismos na ordem da política (a maneira como os partidos frequentemente abandonam a ideia de política para se tornarem simplesmente eleitoreiros); individualismos na ordem do território (as cidades brigando umas com as outras, as regiões reclamando soluções particularistas). Também na ordem social e individual são individualismos arrebatadores e possessivos, que acabam por constituir o outro como coisa. Comportamentos que justificam todo desrespeito às pessoas são, afinal, uma das bases da sociabilidade atual. Aliás, a maneira como as classes médias, no Brasil, se constituíram entroniza a lógica dos instrumentos, em lugar da lógica das finalidades, e convoca os pragmatismos a que se tornem triunfantes.

Para tudo isso, também contribuiu a perda de influência da filosofia na formulação das ciências sociais, cuja interdisciplinaridade acaba por buscar inspiração na economia. Daí o empobrecimento das ciências humanas e a consequente dificuldade para interpretar o que vai pelo mundo, já que a ciência econômica se torna, cada vez mais, uma disciplina da administração das coisas ao serviço de um sistema ideológico. É assim que se implantam novas concepções sobre o valor a atribuir a cada objeto, a cada indivíduo, a cada relação, a cada lugar, legitimando novas modalidades e novas regras da produção e do consumo. E novas formas financeiras e da contabilidade nacional. Esta, aliás, se reduz a ser, apenas, um nome fantasia de uma suposta contabilidade global, algo que inexiste de fato, mas é tomado como parâmetro. Esta é uma das bases do subsistema ideológico que comanda outros subsistemas da vida social, formando uma constelação que tanto orienta e dirige a produção da economia como também a produção da vida. Essa nova lei do valor — que é uma lei ideológica do valor — é filha dileta da competitividade e acaba por ser responsável também pelo abandono da noção e do fato da solidariedade. Daí as fragmentações resultantes. Daí a ampliação do desemprego. Daí o abandono da educação. Daí o desapreço à saúde como um bem individual e social inalienável. Daí todas as novas formas perversas de sociabilidade que já existem ou se estão preparando neste país, para fazer dele — ainda mais — um país fragmentado, cujas diversas parcelas, de modo a assegurar sua sobrevivência imediata, serão jogadas umas contra as outras e convidadas a uma batalha sem quartel.

O consumo e o seu despotismo

Também o consumo muda de figura ao longo do tempo. Falava-se, antes, de autonomia da produção, para significar que uma empresa, ao assegurar uma produção, buscava também manipular a opinião pela via da publicidade. Nesse caso, o fato gerador do consumo seria a produção. Mas, atualmente, as empresas hegemônicas produzem o consumidor antes mesmo de produzir os produtos. Um dado essencial do entendimento do consumo é que a produção do consumidor, hoje, precede à produção dos bens e dos serviços. Então, na cadeia causal, a chamada autonomia da produção cede lugar ao despotismo do consumo. Daí o império da informação e da publicidade. Tal remédio teria 1% de medicina e 99% de publicidade, mas todas as coisas no comércio acabam por ter essa composição: publicidade + materialidade; publicidade + serviços, e esse é o caso de tantas mercadorias cuja circulação é fundada numa propaganda insistente e frequentemente enganosa. Há toda essa maneira de organizar o consumo para permitir, em seguida, a organização da produção.

Tais operações podem tornar-se simultâneas diante do tempo do relógio, mas, do ponto de vista da lógica, é a produção da informação e da publicidade que precede. Desse modo, vivemos cercados, por todos os lados, por esse sistema ideológico tecido ao redor do consumo e da informação ideologizados. Esse consumo ideologizado e essa informação ideologizada acabam por ser o motor de ações públicas e privadas. Esse par é, ao mesmo tempo, fortíssimo e fragilíssimo. De um lado é muito forte, pela sua eficácia atual sobre a produção e o consumo. Mas, de outro lado, ele é muito fraco, muito débil, desde que encontremos a maneira de defini-lo como um dado de um sistema mais amplo. O consumo é o grande emoliente, produtor ou encorajador de imobilismos. Ele é, também, um veículo de narcisismos, por meio dos seus estímulos estéticos, morais, sociais; e aparece como o grande fundamentalismo do nosso tempo, porque alcança e envolve toda gente. Por isso, o entendimento do que é o mundo passa pelo consumo e pela competitividade, ambos fundados no mesmo sistema da ideologia.

Consumismo e competitividade levam ao emagrecimento moral e intelectual da pessoa, à redução da personalidade e da visão do mundo, convidando, também, a esquecer a oposição fundamental entre a figura do consumidor e a figura do cidadão. É certo que no Brasil tal oposição é menos sentida, porque em nosso país jamais houve a figura do cidadão. As classes chamadas superiores, incluindo as classes médias, jamais quiseram ser cidadãs; os pobres jamais puderam ser cidadãos. As classes médias foram condicionadas a apenas querer privilégios e não direitos. E isso é um dado essencial do entendimento do Brasil: de como os partidos se organizam e funcionam; de como a política se dá, de como a sociedade se move. E aí também as camadas intelectuais têm responsabilidade, porque trasladaram, sem maior imaginação e originalidade, à condição da classe média europeia, lutando pela ampliação dos direitos políticos, econômicos e sociais, para o caso brasileiro e atribuindo, assim, por equívoco, à classe média brasileira um papel de modernização e de progresso que, pela sua própria constituição, ela não poderia ter.

A informação totalitária e a confusão dos espíritos

Tudo isso se deve, em grande parte, ao fato de que o fim do século XX erigiu como um dado central do seu funcionamento o despotismo da informação, relacionado, em certa medida, com o próprio nível alcançado pelo desenvolvimento da técnica atual, tão necessitada de um discurso. Como as atividades hegemônicas são, hoje, todas elas, fundadas nessa técnica, o discurso aparece como algo capital na produção da existência de todos. Essa imprescindibilidade de um discurso que antecede a tudo — a começar pela própria técnica, a produção, o consumo e o poder — abre a porta à ideologia.

Antes, era corrente discutir-se a respeito da oposição entre o que era real e o que não era; entre o erro e o acerto; o erro e a verdade; a essência e a aparência. Hoje, essa discussão talvez não tenha sequer cabimento, porque a ideologia se torna real e está presente como realidade, sobretudo por meio dos objetos. Os objetos são coisas, são reais. Eles se apresentam diante de nós não apenas como um discurso, mas como um discurso ideológico, que nos convoca, malgrado nós, a uma forma de comportamento. E esse império dos objetos tem um papel relevante na produção desse novo homem apequenado que estamos todos ameaçados de ser. Até a Segunda Guerra Mundial, tínhamos em torno de nós alguns objetos, os quais comandávamos. Hoje, meio século depois, o que há em torno é uma multidão de objetos, todos ou quase todos querendo nos comandar. Uma das grandes diferenças entre o mundo de há cinquenta anos e o mundo de agora é esse papel de comando atribuído aos objetos. E são objetos carregando uma ideologia que lhes é entregue pelos homens do *marketing* e do *design* a serviço do mercado.

Do imperialismo ao mundo de hoje

O capitalismo concorrencial buscou a unificação do planeta, mas apenas obteve uma unificação relativa, aprofundada sob o capitalismo monopolista graças aos progressos técnicos alcançados nos últimos dois séculos e possibilitando uma transição para a situação atual de neoliberalismo. Agora se pode, de alguma forma, falar numa vontade de unificação absoluta alicerçada na tirania do dinheiro e da informação produzindo em toda parte situações nas quais tudo, isto é, coisas, homens, ideias, comportamentos, relações, lugares, é atingido.

Em cada um desses momentos, são diferentes as relações entre o indivíduo e a sociedade, entre o mercado e a solidariedade. Até recentemente, havia a busca de um relativo reforço mútuo das ideias e da realidade de autonomia individual (com a vontade de produção de indivíduos fortes e de cidadãos) e da ideia e da realidade de uma sociedade solidária (com o Estado crescentemente empenhado em exercer uma regulação redistributiva). As situações eram diferentes segundo os continentes e países e, se o quadro anteriormente referido não constituía uma realidade completa, essa era uma aspiração generalizada.

Ao longo da história passada do capitalismo, paralelamente à evolução das técnicas, ideias morais e filosóficas se difundem, assim como a sua realização política e jurídica, de modo que os costumes, as leis, os regulamentos, as instituições jurídicas e estatais buscavam realizar, ao mesmo tempo, mais controle social e, também, mais controle sobre ações individuais, limitando a ação daqueles vetores que, deixados sozinhos, levariam à eclosão de egoísmos, ao exercício da força bruta e a desníveis sociais cada vez mais agudos.

Na fase atual de globalização, o uso das técnicas conhece uma importante mudança qualitativa e quantitativa. Passamos de um uso "imperialista", que era, também, um uso desigual e combinado, segundo os continentes e lugares, a uma presença obrigatória em todos os países dos sistemas técnicos hegemônicos, graças ao papel unificador das técnicas de informação.

O uso imperialista das técnicas permitia, pela via da política, uma certa convivência de níveis diferentes de formas técnicas e de formas organizacionais nos diversos impérios. Tal situação permanece praticamente por um século, sem que as diferenças de poder entre os impérios fosse causa de conflitos duráveis entre eles e dentro deles. O próprio imperialismo era "diferencial", tal característica sendo consequência da subordinação do mercado à política, seja a política internacional, seja a política interior a cada país ou a cada conjunto imperial. Com a globalização, as técnicas se tornam mais eficazes, sua presença se confunde com o ecúmeno, seu encadeamento praticamente espontâneo se reforça e, ao mesmo tempo, o seu uso escapa, sob muitos aspectos, ao domínio da política e se torna subordinado ao mercado.

Globalitarismos e totalitarismos

Como as técnicas hegemônicas atuais são, todas elas, filhas da ciência, e como sua utilização se dá ao serviço do mercado, esse amálgama produz um ideário da técnica e do mercado que é santificado pela ciência, considerada, ela própria, infalível. Essa, aliás, é uma das fontes do poder do pensamento único. Tudo o que é feito pela mão dos vetores fundamentais da globalização parte de ideias científicas, indispensáveis à produção, aliás acelerada, de novas realidades, de tal modo que as ações assim criadas se impõem como soluções únicas.

Nas condições atuais, a ideologia é reforçada de uma forma que seria impossível ainda há um quarto de século, já que, primeiro as ideias e, sobretudo, as ideologias se transformam em situações, enquanto as situações se tornam em si mesmas "ideias", "ideias do que fazer", "ideologias" e impregnam, de volta, a ciência (que santifica as ideologias e legitima as ações), uma ciência cada vez mais redutora e reduzida, mais distante da busca da "verdade". Desse conjunto de variáveis decorrem, também, outras condições da vida contemporânea, fundadas na matematização da existência, carregando consigo uma crescente sedução pelos números, um uso mágico das estatísticas.

É também a partir desse quadro que se pode interpretar a serialização de que falava J.-P. Sartre em *Questions de méthode*, Critique de la Raison dialectique, 1960. Em tais condições, instalam-se a competitividade, o salve-se-quem-puder, a volta ao canibalismo, a supressão da solidariedade, acumulando dificuldades para um convívio social saudável e para o exercício da democracia. Enquanto esta é reduzida a uma democracia de mercado e amesquinhada como eleitoralismo, isto é, consumo de eleições, as "pesquisas" perfilam-se como um aferidor quantitativo da opinião, da qual acaba por ser uma das formadoras, levando tudo isso ao empobrecimento do debate de ideias e à própria morte da política. Na esfera da sociabilidade, levantam-se utilitarismos como regra de vida mediante a exacerbação do consumo, dos narcisismos, do imediatismo, do egoísmo, do abandono da solidariedade, com a implantação, galopante, de uma ética pragmática individualista. É dessa forma que a sociedade e os indivíduos aceitam dar adeus à generosidade, à solidariedade e à emoção com a entronização do reino do cálculo (a partir do cálculo econômico) e da competitividade.

São, todas essas, condições para a difusão de um pensamento e de uma prática totalitárias. Esses totalitarismos se dão na esfera do trabalho como, por exemplo, num mundo agrícola modernizado onde os atores subalternizados convivem, como num exército, submetidos a uma disciplina militar. O totalitarismo não é, porém, limitado à esfera do trabalho, escorrendo para a esfera da política e das relações interpessoais e invadindo o próprio mundo da pesquisa e do ensino universitário, mediante um cerco às ideias cada vez menos dissimulado. Cabe-nos, mesmo, indagar diante dessas novas realidades sobre a pertinência da presente utilização de concepções já ultrapassadas de democracia, opinião pública, cidadania, conceitos que necessitam urgente revisão, sobretudo nos lugares onde essas categorias nunca foram claramente definidas nem totalmente exercitadas.

Nossa grande tarefa, hoje, é a elaboração de um novo discurso, capaz de desmitificar a competitividade e o consumo e de atenuar, senão desmanchar, a confusão dos espíritos.

3.

A violência estrutural e a perversidade sistêmica

Fala-se, hoje, muito em violência e é geralmente admitido que é quase um estado, uma situação característica do nosso tempo. Todavia, dentre as violências de que se fala, a maior parte é sobretudo formada de violências funcionais derivadas, enquanto a atenção é menos voltada para o que preferimos chamar de violência estrutural, que está na base da produção das outras e constitui a violência central original. Por isso, acabamos por apenas condenar as violências periféricas particulares.

A nosso ver, a violência estrutural resulta da presença e das manifestações conjuntas, nessa era da globalização, do dinheiro em estado puro, da competitividade em estado puro e da potência em estado puro, cuja associação conduz à emergência de novos totalitarismos e permite pensar que vivemos numa época de globalitarismo muito mais que de globalização. Paralelamente, evoluímos de situações em que a perversidade se manifestava de forma isolada para uma situação na qual se instala um sistema da perversidade, que, ao mesmo tempo, é resultado e causa da legitimação do dinheiro em estado puro, da competitividade em estado puro e da potência em estado puro, consagrando, afinal, o fim da ética e o fim da política.

O dinheiro em estado puro

Com a globalização impõe-se uma nova noção de riqueza, de prosperidade e de equilíbrio macroeconômico, conceitos fundados no dinheiro em estado puro e aos quais todas as economias nacionais são chamadas a se adaptar. A noção e a realidade da dívida internacional também derivam dessa mesma ideologia. O consumo, tornado um denominador comum para todos os indivíduos, atribui um papel central ao dinheiro nas suas diferentes manifestações; juntos, o dinheiro e o consumo aparecem como reguladores da vida individual. O novo dinheiro torna-se onipresente. Fundado numa ideologia, esse dinheiro sem medida se torna a medida geral, reforçando a vocação para considerar a acumulação como uma meta em si mesma. Na realidade, o resultado dessa busca tanto pode levar à acumulação (para alguns) como ao endividamento (para a maioria). Nessas condições, firma-se um círculo vicioso dentro do qual o medo e o desamparo se criam mutuamente e a busca desenfreada do dinheiro tanto é uma causa como uma consequência do desamparo e do medo.

O resultado objetivo é a necessidade, real ou imaginada, de buscar mais dinheiro, e, como este, em seu estado puro, é indispensável à existência das pessoas, das empresas e das nações, as formas pelas quais ele é obtido, sejam quais forem, já se encontram antecipadamente justificadas.

A competitividade em estado puro

A necessidade de capitalização conduz a adotar como regra a necessidade de competir em todos os planos. Diz-se que as nações necessitam competir entre elas — o que, todavia, é duvidoso — e as empresas certamente competem por um quinhão sempre maior do mercado. Mas a estabilidade de uma empresa pode depender de uma pequena ação desse mercado. A sobrevivência está sempre por um fio. Num mundo globalizado, regiões e cidades são chamadas a competir e, diante das regras atuais da produção e dos imperativos atuais do consumo, a competitividade se torna também uma regra da convivência entre as pessoas. A necessidade de competir é, aliás, legitimada por uma ideologia largamente aceita e difundida, na medida em que a desobediência às suas regras implica perder posições e, até mesmo, desaparecer do cenário econômico. Criam-se, desse modo, novos "valores" em todos os planos, uma nova "ética" pervasiva e operacional em face dos mecanismos da globalização.

Concorrer e competir não são a mesma coisa. A concorrência pode até ser saudável sempre que a batalha entre agentes, para melhor empreender uma tarefa e obter melhores resultados finais, exige o respeito a certas regras de convivência preestabelecidas ou não. Já a competitividade se funda na invenção de novas armas de luta, num exercício em que a única regra é a conquista da melhor posição. A competitividade é uma espécie de guerra em que tudo vale e, desse modo, sua prática provoca um afrouxamento dos valores morais e um convite ao exercício da violência.

A potência em estado puro

Para exercer a competitividade em estado puro e obter o dinheiro em estado puro, o poder (a potência) deve ser também exercido em estado puro. O uso da força acaba se tornando uma necessidade. Não há outro telos, outra finalidade que o próprio uso da força, já que ela é indispensável para competir e fazer mais dinheiro; isso vem acompanhado pela desnecessidade de responsabilidade perante o outro, a coletividade próxima e a humanidade em geral.

Por exemplo, a ideia de que o desemprego é o resultado de um jogo simplório entre formas técnicas e decisões microeconômicas das empresas é uma simplificação, originada dessa confusão, como se a nação não devesse solidariedade a cada um dos seus membros.

O abandono da ideia de solidariedade está por trás desse entendimento da economia e conduz ao desamparo em que vivemos hoje. Jamais houve na história um período em que o medo fosse tão generalizado e alcançasse todas as áreas da nossa vida: medo do desemprego, medo da fome, medo da violência, medo do outro. Tal medo se espalha e se aprofunda a partir de uma violência difusa, mas estrutural, típica do nosso tempo, cujo entendimento é indispensável para compreender, de maneira mais adequada, questões como a dívida social e a violência funcional, hoje tão presentes no cotidiano de todos.

A perversidade sistêmica

Seja qual for o ângulo pelo qual se examinem as situações características do período atual, a realidade pode ser vista como uma fábrica de perversidade. A fome deixa de ser um fato isolado ou ocasional e passa a ser um dado generalizado e permanente. Ela atinge 800 milhões de pessoas espalhadas por todos os continentes, sem exceção. Quando os progressos da medicina e da informação deviam autorizar uma redução substancial dos problemas de saúde, sabemos que 14 milhões de pessoas morrem todos os anos, antes do quinto ano de vida.

Dois bilhões de pessoas sobrevivem sem água potável. Nunca na história houve um tão grande número de deslocados e refugiados. O fenômeno dos sem-teto, curiosidade na primeira metade do século XX, hoje é um fato banal, presente em todas as grandes cidades do mundo. O desemprego é algo tornado comum. Ao mesmo tempo, ficou mais difícil do que antes atribuir educação de qualidade e, mesmo, acabar com o analfabetismo. A pobreza também aumenta. No fim do século XX havia mais 600 milhões de pobres do que em 1960; e 1,4 bilhão de pessoas ganham menos de um dólar por dia. Tais números podem ser, na verdade, ampliados porque, ainda aqui, os métodos quantitativos da estatística enganam: ser pobre não é apenas ganhar menos do que uma soma arbitrariamente fixada; ser pobre é participar de uma situação estrutural, com uma posição relativa inferior dentro da sociedade como um todo. E essa condição se amplia para um número cada vez maior de pessoas. O fato, porém, é que a pobreza tanto quanto o desemprego agora são considerados como algo "natural", inerente a seu próprio processo. Junto ao desemprego e à pobreza absoluta, registre-se o empobrecimento relativo de camadas cada vez maiores graças à deterioração do valor do trabalho. No México, a parte de trabalho na renda nacional cai de 36% na década de 1970 para 23% em 1992. Vivemos num mundo de exclusões, agravadas pela desproteção social, apanágio do modelo neoliberal, que é, também, criador de insegurança.

Na verdade, a perversidade deixa de se manifestar por fatos isolados, atribuídos a distorções da personalidade, para se estabelecer como um sistema. A nosso ver, a causa essencial da perversidade sistêmica é a instituição, por lei geral da vida social, da competitividade como regra absoluta, uma competitividade que escorre sobre todo o edifício social. O *outro*, seja ele empresa, instituição ou indivíduo, aparece como um obstáculo à realização dos fins de cada um e deve ser removido, por isso sendo considerado uma coisa. Decorrem daí a celebração dos egoísmos, o alastramento dos narcisismos, a banalização da guerra de todos contra todos, com a utilização de qualquer que seja o meio para obter o fim colimado, isto é, competir e, se possível, vencer. Daí a difusão, também generalizada, de outro subproduto da competitividade, isto é, a corrupção.

Esse sistema da perversidade inclui a morte da Política (com um P maiúsculo), já que a condução do processo político passa a ser atributo das grandes empresas. Junte-se a isso o processo de conformação da opinião pelas mídias, um dado importante no movimento de alienação trazido com a substituição do debate civilizatório pelo discurso único do mercado. Daí o ensinamento e o aprendizado de comportamentos dos quais estão ausentes objetivos finalísticos e éticos.

Assim elaborado, o sistema da perversidade legitima a preeminência de uma ação hegemônica mas sem responsabilidade, e a instalação sem contrapartida de uma ordem entrópica, com a produção "natural" da desordem.

Para tudo isso, também contribui o estabelecimento do império do consumo, dentro do qual se instalam consumidores mais que perfeitos (M. Santos, *O espaço do cidadão*, 1988), levados à negligência em relação à cidadania e seu corolário, isto é, o menosprezo quanto à liberdade, cujo culto é substituído pela preocupação com a incolumidade. Esta reacende egoísmos e é um dos fermentos da quebra da solidariedade entre pessoas, classes e regiões. Incluam-se também, nessa lista dos processos característicos da instalação do sistema da perversidade, a ampliação das desigualdades de todo gênero: interpessoais, de classes, regionais, internacionais. Às antigas desigualdades, somam-se novas.

Os papéis dominantes, legitimados pela ideologia e pela prática da competitividade, são a mentira, com o nome de segredo da marca; o engodo, com o nome de *marketing*; a dissimulação e o cinismo, com os nomes de tática e estratégia. É uma situação na qual se produz a glorificação da esperteza, negando a sinceridade, e a glorificação da avareza, negando a generosidade. Desse modo, o caminho fica aberto ao abandono das solidariedades e ao fim da ética, mas, também, da política. Para o triunfo das novas virtudes pragmáticas, o ideal de democracia plena é substituído pela construção de uma democracia de mercado, na qual a distribuição do poder é tributária da realização dos fins últimos do próprio sistema globalitário. Estas são as razões pelas quais a vida normal de todos os dias está sujeita a uma violência estrutural que, aliás, é a mãe de todas as outras violências.

4.

Da política dos Estados à política das empresas

Façamos um regresso, muito breve, ao começo da história humana, quando o homem em sociedade, relacionando-se diretamente com a natureza, constrói a história. Nesse começo dos tempos, os laços entre território, política, economia, cultura e linguagem eram transparentes. Nas sociedades que os antropólogos europeus e norte-americanos orgulhosamente chamaram de primitivas, a relação entre setores da vida social também se dava diretamente. Não havia praticamente intermediações.

Poder-se-ia considerar que existia uma territorialidade genuína. A economia e a cultura dependiam do território, a linguagem era uma emanação do uso do território pela economia e pela cultura, e a política também estava com ele intimamente relacionada.

Havia, por conseguinte, uma territorialidade absoluta, no sentido de que, em todas as manifestações essenciais de sua existência, os moradores pertenciam àquilo que lhes pertencia, isto é, o território. Isso criava um sentido de identidade entre as pessoas e o seu espaço geográfico, que lhes atribuía, em função da produção necessária à sobrevivência do grupo, uma noção particular de limites, acarretando, paralelamente, uma compartimentação do espaço, o que também produzia uma ideia de domínio. Para manter a identidade e os limites, era preciso ter clara essa ideia de domínio, de poder. A política do território tinha as mesmas bases que a política da economia, da cultura, da linguagem, formando um conjunto indissociável. Criava-se, paralelamente, a ideia de comunidade, um contexto limitado no espaço.

Sistemas técnicos, sistemas filosóficos

Toda relação do homem com a natureza é portadora e produtora de técnicas que se foram enriquecendo, diversificando e avolumando ao longo do tempo. Nos últimos séculos, conhecemos um avanço dos sistemas técnicos, até que, no século XVIII, surgem as técnicas das máquinas, que mais tarde vão se incorporar ao solo como próteses, proporcionando ao homem um menor esforço na produção, no transporte e nas comunicações, mudando a face da Terra, alterando as relações entre países e entre sociedades e indivíduos. As técnicas oferecem respostas à vontade de evolução dos homens e, definidas pelas possibilidades que criam, são a marca de cada período da história.

A vida assim realizada por meio dessas técnicas é, pois, cada vez menos subordinada ao aleatório e cada vez mais exige dos homens comportamentos previsíveis. Essa previsibilidade de comportamento assegura, de alguma maneira, uma visão mais racional do mundo e também dos lugares e conduz a uma organização sociotécnica do trabalho, do território e do fenômeno do poder. Daí o desencantamento progressivo do mundo.

No século XVIII, aconteceram dois fenômenos extremamente importantes. Um é a produção das técnicas das máquinas, que revalorizam o trabalho e o capital, requalificam os territórios, permitem a conquista de novos espaços e abrem horizontes para a humanidade. Esse século marca o reforço do capitalismo e também a entrada em cena do homem como um valor a ser considerado. O nascimento da técnica das máquinas, o reforço da condição técnica na vida social e individual e as novas concepções sobre o homem se corporificam com as ideias filosóficas que se iriam tornar forças da política. Este é um outro dado importante.

O século XVIII produziu os enciclopedistas e a revolução americana e a Revolução Francesa, respostas políticas às ideias filosóficas. Num momento em que o capitalismo também se reforçava, se as técnicas houvessem sido entregues inteiramente às mãos capitalistas sem que, pelo outro lado, surgissem as ideias filosóficas (que também eram ideias morais), o mundo teria se organizado de forma diferente.

Se ao lado desses progressos da técnica a serviço da produção e do capitalismo não houvesse a progressão das ideias, teríamos tido uma eclosão muito maior do utilitarismo, com uma prática mais avassaladora do lucro e da concorrência. Ao contrário, foi estabelecida a possibilidade de enriquecer moralmente o indivíduo. A mesma ética glorificava o indivíduo responsável e a coletividade responsável. Ambos eram responsáveis. Indivíduo e coletividade eram chamados a criar juntos um enriquecimento recíproco que iria apontar para a busca da democracia, por intermédio do Estado Nacional, do Estado de Direito e do Estado Social, e para a produção da cidadania plena, reivindicação que se foi afirmando ao longo desses séculos. Certamente a cidadania nunca chegou a ser plena, mas quase alcançou esse estágio em certos países, durante os chamados trinta anos gloriosos depois do fim da Segunda Guerra Mundial. E essa quase plenitude era paralela à quase plenitude da democracia. A cidadania plena é um dique contra o capital pleno.

Tecnociência, globalização e história sem sentido

A globalização marca um momento de ruptura nesse processo de evolução social e moral que se vinha fazendo nos séculos precedentes. É irônico recordar que o progresso técnico aparecia, desde os séculos anteriores, como uma condição para realizar essa sonhada globalização com a mais completa humanização da vida no planeta. Finalmente, quando esse progresso técnico alcança um nível superior, a globalização se realiza, mas não a serviço da humanidade.

A globalização mata a noção de solidariedade, devolve o homem à condição primitiva do cada um por si e, como se voltássemos a ser animais da selva, reduz as noções de moralidade pública e particular a um quase nada.

O período atual tem como uma das bases esse casamento entre ciência e técnica, essa tecnociência, cujo uso é condicionado pelo mercado. Por conseguinte, trata-se de uma técnica e de uma ciência seletivas. Como, frequentemente, a ciência passa a produzir aquilo que interessa ao mercado, e não à humanidade em geral, o progresso técnico e científico não é sempre um progresso moral. Pior, talvez, do que isso: a ausência desse progresso moral e tudo o que é feito a partir dessa ausência vai pesar fortemente sobre o modelo de construção histórica dominante no último quartel do século XX.

Essa globalização tem de ser encarada a partir de dois processos paralelos. De um lado, dá-se a produção de uma materialidade, ou seja, das condições materiais que nos cercam e que são a base da produção econômica, dos transportes e das comunicações. De outro, há a produção de novas relações sociais entre países, classes e pessoas. A nova situação, conforme já acentuamos, vai se alicerçar em duas colunas centrais. Uma tem como base o dinheiro e a outra se funda na informação. Dentro de cada país, sobretudo entre os mais pobres, informação e dinheiro mundializados acabam por se impor como algo autônomo em face da sociedade e, mesmo, da economia, tornando-se um elemento fundamental da produção, e ao mesmo tempo da geopolítica, isto é, das relações entre países e dentro de cada nação.

A informação é centralizada nas mãos de um número extremamente limitado de firmas. Hoje, o essencial do que no mundo se lê, tanto em jornais como em livros, é produzido a partir de meia dúzia de empresas que, na realidade, não transmitem novidades, mas as reescrevem de maneira específica. Apesar de as condições técnicas da informação permitirem que toda a humanidade conheça tudo o que o mundo é, acabamos na realidade por não sabê-lo, por causa dessa intermediação deformante.

O mundo se torna fluido, graças à informação, mas também ao dinheiro. Todos os contextos se intrometem e superpõem, corporificando um contexto global, no qual as fronteiras se tornam porosas para o dinheiro e para a informação. Além disso, o território deixa de ter fronteiras rígidas, o que leva ao enfraquecimento e à mudança de natureza dos Estados nacionais.

O discurso que ouvimos todos os dias, para nos fazer crer que deve haver menos Estado, vale-se dessa mencionada porosidade, mas sua base essencial é o fato de que os condutores da globalização necessitam de um Estado flexível a seus interesses. As privatizações são a mostra de que o capital se tornou devorante, guloso ao extremo, exigindo sempre mais, querendo tudo. Além disso, a instalação desses capitais globalizados supõe que o território se adapte às suas necessidades de fluidez, investindo pesadamente para alterar a geografia das regiões escolhidas. De tal forma, o Estado acaba por ter menos recursos para tudo o que é social, sobretudo no caso das privatizações caricatas, como no modelo brasileiro, que financia as empresas estrangeiras candidatas à compra do capital social nacional. Não é que o Estado se ausente ou se torne menor. Ele apenas se omite quanto ao interesse das populações e se torna mais forte, mais ágil, mais presente, ao serviço da economia dominante.

As empresas globais e a morte da política

A política agora é feita no mercado. Só que esse mercado global não existe como ator, mas como uma ideologia, um símbolo. Os atores são as empresas globais, que não têm preocupações éticas, nem finalísticas. Dir-se-á que, no mundo da competitividade, ou se é cada vez mais individualista, ou se desaparece. Então, a própria lógica de sobrevivência da empresa global sugere que funcione sem nenhum altruísmo. Mas, se o Estado não pode ser solidário e a empresa não pode ser altruísta, a sociedade como um todo não tem quem a valha. Agora se fala muito num terceiro setor, em que as empresas privadas assumiriam um trabalho de assistência social antes deferido ao poder público. Caber-lhes-ia, desse modo, escolher quais os beneficiários, privilegiando uma parcela da sociedade e deixando a maior parte de fora. Haveria frações do território e da sociedade a serem deixadas por conta, desde que não convenham ao cálculo das firmas. Essa "política" das empresas equivale à decretação de morte da Política.

A política, por definição, é sempre ampla e supõe uma visão de conjunto. Ela apenas se realiza quando existe a consideração de todos e de tudo. Quem não tem visão de conjunto não chega a ser político. E não há política apenas para os pobres, como não há apenas para os ricos. A eliminação da pobreza é um problema estrutural. Fora daí o que se pretende é encontrar formas de proteção a certos pobres e a certos ricos, escolhidos segundo os interesses dos doadores. Mas a política tem de cuidar do conjunto de realidades e do conjunto de relações.

Nas condições atuais, e de um modo geral, estamos assistindo à não política, isto é, à política feita pelas empresas, sobretudo as maiores. Quando uma grande empresa se instala, chega com suas normas, quase todas extremamente rígidas. Como essas normas rígidas são associadas ao uso considerado adequado das técnicas correspondentes, o mundo das normas se adensa porque as técnicas em si mesmas também são normas. Pelo fato de que as técnicas atuais são solidárias, quando uma se impõe cria-se a necessidade de trazer outras, sem as quais aquela não funciona bem. Cada técnica propõe uma maneira particular de comportamento, envolve suas próprias regulamentações e, por conseguinte, traz para os lugares novas formas de relacionamento. O mesmo se dá com as empresas. É assim que também se alteram as relações sociais dentro de cada comunidade. Muda a estrutura do emprego, assim como as outras relações econômicas, sociais, culturais e morais dentro de cada lugar, afetando igualmente o orçamento público, tanto na rubrica da receita como no capítulo da despesa. Um pequeno número de grandes empresas que se instala acarreta para a sociedade como um todo um pesado processo de desequilíbrio.

Todavia, mediante o discurso oficial, tais empresas são apresentadas como salvadoras dos lugares e são apontadas como credoras de reconhecimento pelos seus aportes de emprego e modernidade. Daí a crença de sua indispensabilidade, fator da presente guerra entre lugares e, em muitos casos, de sua atitude de chantagem diante do poder público, ameaçando ir embora quando não atendidas em seus reclamos. Assim, o poder público passa a ser subordinado, compelido, arrastado. À medida que se impõe esse nexo das grandes empresas, instala-se a semente da ingovernabilidade, já fortemente implantada no Brasil, ainda que sua dimensão não tenha sido adequadamente avaliada. À medida que os institutos encarregados de cuidar do interesse geral são enfraquecidos, com o abandono da noção e da prática da solidariedade, estamos, pelo menos a médio prazo, produzindo as precondições da fragmentação e da desordem, claramente visíveis no país, por meio do comportamento dos territórios, isto é, da crise praticamente geral dos estados e dos municípios.

5.

Em meio século, três definições da pobreza

Os países subdesenvolvidos conheceram pelo menos três formas de pobreza e, paralelamente, três formas de dívida social, no último meio século. A primeira seria o que ousadamente chamaremos de *pobreza incluída*, uma pobreza acidental, às vezes residual ou sazonal, produzida em certos momentos do ano, uma pobreza intersticial e, sobretudo, sem vasos comunicantes.

Depois chega uma outra, reconhecida e estudada como uma doença da civilização. Então chamada de *marginalidade*, tal pobreza era produzida pelo processo econômico da divisão do trabalho, internacional ou interna. Admitia-se que poderia ser corrigida, o que era buscado pelas mãos dos governos.

E agora chegamos ao terceiro tipo, a *pobreza estrutural*, que de um ponto de vista moral e político equivale a uma dívida social. Ela é estrutural e não mais local, nem mesmo nacional; torna-se globalizada, presente em toda parte no mundo. Há uma disseminação planetária e uma produção globalizada da pobreza, ainda que esteja mais presente nos países já pobres. Mas é também uma produção científica, portanto voluntária da dívida social, para a qual, na maior parte do planeta, não se buscam remédios.

A pobreza "incluída"

Antes, as situações de pobreza podiam ser definidas como reveladoras de uma pobreza acidental, residual, estacional, intersticial, vista como desadaptação local aos processos mais gerais de mudança, ou como inadaptação entre condições naturais e condições sociais. Era uma pobreza que se produzia num lugar e não se comunicava a outro lugar.

Então, nem a cidade, nem o território, nem a própria sociedade eram exclusiva ou majoritariamente movidos por *driving forces* compreendidas pelo processo de racionalização. A presença das técnicas, coladas ao território ou inerentes à vida social, era relativamente pouco expressiva, reduzindo, assim, a eficácia dos processos racionalizadores porventura vigentes na vida econômica, cultural, social e política. Desse modo, a racionalidade da existência não constituía um dado essencial do processo histórico, limitando-se a alguns aspectos isolados da sociabilidade. A produção da pobreza iria buscar suas causas em outros fatores.

Na situação que estamos descrevendo, as soluções ao problema eram privadas, assistencialistas, locais, e a pobreza era frequentemente apresentada como um acidente natural ou social. Em um mundo onde o consumo ainda não estava largamente difundido, e o dinheiro ainda não constituía um nexo social obrigatório, a pobreza era menos discriminatória. Daí poder-se falar de pobres incluídos.

A marginalidade

Num segundo momento, a pobreza é identificada como uma doença da civilização, cuja produção acompanha o próprio processo econômico. Agora, o consumo se impõe como um dado importante, pois constitui o centro da explicação das diferenças e da percepção das situações. Dois fatores jogam um papel fundamental. Ampliam-se, de um lado, as possibilidades de circulação, e de outro, graças às formas modernas de difusão das inovações, a informação constitui um dado revolucionário nas relações sociais. O radiotransistor era o grande símbolo. A ampliação do consumo ganha, assim, as condições materiais e psicológicas necessárias, dando à pobreza novos conteúdos e novas definições. Além da pobreza absoluta, cria-se e recria-se incessantemente uma pobreza relativa, que leva a classificar os indivíduos pela sua capacidade de consumir, e pela forma como o fazem. O estabelecimento de "índices" de pobreza e miséria utiliza esses componentes.

Ainda nesse segundo momento, que coincide com a generalização e o sucesso da ideia de subdesenvolvimento e das teorias destinadas a combatê-lo, os pobres eram chamados de marginais. Para superar tal situação, considerada indesejável, torna-se, também, generalizada a preocupação dos governos e das sociedades nacionais, por meio de suas elites intelectuais e políticas, com o fenômeno da pobreza, o que leva a uma busca de soluções de Estado para esse problema, considerado grave mas não insolúvel. O êxito do estado do bem-estar em tantos países da Europa ocidental e a notícia das preocupações dos países socialistas para com a população em geral funcionavam como inspiração aos países pobres, todos comprometidos, ao menos ideologicamente, com a luta contra a pobreza e suas manifestações, ainda que não lhes fosse possível alcançar a realização do estado de bem-estar. Mesmo em países como o nosso, o poder público é forçado a encontrar fórmulas, saídas, arremedos de solução. Havia uma certa vergonha de não enfrentar a questão.

A pobreza estrutural globalizada

O último período, no qual nos encontramos, revela uma pobreza de novo tipo, uma pobreza estrutural globalizada, resultante de um sistema de ação deliberada. Examinado o processo pelo qual o desemprego é gerado e a remuneração do emprego se torna cada vez pior, ao mesmo tempo que o poder público se retira das tarefas de proteção social, é lícito considerar que a atual divisão "administrativa" do trabalho e a ausência deliberada do Estado de sua missão social de regulação estejam contribuindo para uma produção científica, globalizada e voluntária da pobreza. Agora, ao contrário das duas fases anteriores, trata-se de uma pobreza pervasiva, generalizada, permanente, global. Pode-se, de algum modo, admitir a existência de algo como um planejamento centralizado da pobreza atual: ainda que seus atores sejam muitos, o seu motor essencial é o mesmo dos outros processos definidores de nossa época.

A pobreza atual resulta da convergência de causas que se dão em diversos níveis, existindo como vasos comunicantes e como algo racional, um resultado necessário do presente processo, um fenômeno inevitável, considerado até mesmo um fato natural.

Alcançamos, assim, uma espécie de naturalização da pobreza, que seria politicamente produzida pelos atores globais com a colaboração consciente dos governos nacionais e, contrariamente às situações precedentes, com a conivência de intelectuais contratados — ou apenas contatados — para legitimar essa naturalização.

Nessa última fase, os pobres não são incluídos nem marginais, eles são excluídos. A divisão do trabalho era, até recentemente, algo mais ou menos espontâneo. Agora não. Hoje, ela obedece a cânones científicos — por isso a consideramos uma divisão do trabalho administrada — e é movida por um mecanismo que traz consigo a produção das dívidas sociais e a disseminação da pobreza numa escala global. Saímos de uma pobreza para entrar em outra. Deixa-se de ser pobre em um lugar para ser pobre em outro. Nas condições atuais, é uma pobreza quase sem remédio, trazida não apenas pela expansão do desemprego, como, também, pela redução do valor do trabalho. É o caso, por exemplo, dos Estados Unidos, apresentado como o país que tem resolvido um pouco menos mal a questão do desemprego, mas onde o valor médio do salário caiu. E essa queda do desemprego não atinge igualmente toda a população, porque os negros continuam sem emprego, em proporção talvez pior do que antes, e as populações de origem latina se encontram na base da escala salarial.

Essa produção maciça da pobreza aparece como um fenômeno banal. Uma das grandes diferenças do ponto de vista ético é que a pobreza de agora surge, impõe-se e explica-se como algo natural e inevitável. Mas é uma pobreza produzida politicamente pelas empresas e instituições globais. Estas, de um lado, pagam para criar soluções localizadas, parcializadas, segmentadas, como é o caso do Banco Mundial, que, em diferentes partes do mundo, financia programas de atenção aos pobres, querendo passar a impressão de se interessar pelos desvalidos, quando, estruturalmente, é o grande produtor da pobreza. Atacam-se, funcionalmente, manifestações da pobreza, enquanto estruturalmente se cria a pobreza ao nível do mundo. E isso se dá com a colaboração passiva ou ativa dos governos nacionais.

Vejam, então, a diferença entre o uso da palavra pobreza e da expressão dívida social nesses cinquenta anos. Os pobres, isto é, aqueles que são o objeto da dívida social, foram já *incluídos* e, depois, *marginalizados*, e acabam por ser o que hoje são, isto é, *excluídos*. Esta exclusão atual, com a produção de dívidas sociais, obedece a um processo racional, uma racionalidade sem razão, mas que comanda as ações hegemônicas e arrasta as demais ações. Os excluídos são o fruto dessa racionalidade. Por aí se vê que a questão capital é o entendimento do nosso tempo, sem o qual será impossível construir o discurso da liberação. Este, desde que seja simples e veraz, poderá ser a base intelectual da política. E isso é central no mundo de hoje, um mundo no qual nada de importante se faz sem discurso.

O papel dos intelectuais

O terrível é que, nesse mundo de hoje, aumenta o número de letrados e diminui o de intelectuais. Não é este um dos dramas atuais da sociedade brasileira? Tais letrados, equivocadamente assimilados aos intelectuais, ou não pensam para encontrar a verdade, ou, encontrando a verdade, não a dizem. Nesse caso, não se podem encontrar com o futuro, renegando a função principal da intelectualidade, isto é, o casamento permanente com o porvir, por meio da busca incansada da verdade.

Assim como o território é hoje um território nacional da economia internacional (M. Santos, *A natureza do espaço*, 1996), a pobreza, hoje, é a pobreza nacional da ordem internacional. Essa realidade obriga a discutir algumas das soluções propostas para o problema, como, por exemplo, quando se imagina poder compensar uma política neoliberal no plano nacional com a possibilidade de uma política social no plano subnacional. No caso brasileiro, é lamentável que políticos e partidos ditos de esquerda se entreguem a uma política de direita, jogando para um lado a busca de soluções estruturais e limitando-se a propor paliativos, que não são verdadeiramente transformadores da sociedade, porque serão inócuos, no médio e no longo prazos. As chamadas políticas públicas, quando existentes, não podem substituir a política social, considerada um elenco coerente com as demais políticas (econômica, territorial etc.).

Não se trata, pois, de deixar aos níveis inferiores de governo — municípios, estados — a busca de políticas compensatórias para aliviar as consequências da pobreza, enquanto, ao nível federal, as ações mais dinâmicas estão orientadas cada vez mais para a produção de pobreza. O desejável seria que, a partir de uma visão de conjunto, houvesse redistribuição dos poderes e de recursos entre diversas esferas político-administrativas do poder, assim como uma redistribuição das prerrogativas e tarefas entre as diversas escalas territoriais, até mesmo com a reformulação da federação. Mas, para isso, é necessário haver um projeto nacional, e este não pode ser uma formulação automaticamente derivada do projeto hegemônico e limitativo da globalização atual. Ao contrário, partindo das realidades e das necessidades de cada nação, deve não só entendê-las, como também constituir uma promessa de reformulação da própria ordem mundial.

Nas condições atuais, um grande complicador vem do fato de que a globalização é frequentemente considerada uma fatalidade, baseada num exagerado encantamento pelas técnicas de ponta e com negligência quanto ao fator nacional, deixando-se de lado o papel do território utilizado pela sociedade como um seu retrato dinâmico. Tal visão do mundo, uma espécie de volta à velha noção de *technological fix* (uma única tecnologia eficaz), acaba por consagrar a adoção de um ponto de partida fechado e por aceitar como indiscutível e inelutável o reino da necessidade, com a morte da esperança e da generosidade. Exclusão e dívida social aparecem como se fossem algo fixo, imutável, indeclinável, quando, como qualquer outra ordem, pode ser substituída por uma ordem mais humana.

6.

O que fazer com a soberania

De que maneira a globalização afeta a soberania das nações, as fronteiras dos países e a governabilidade plena é uma questão que, volta e meia, ocupa os espíritos, seja teoricamente, seja em função de fatos concretos. Nesse terreno, como em muitos outros, a produção de meias verdades é infinita e somos frequentemente convocados a repeti-las sem maior análise do problema. Há, mesmo, quem se arrisque a falar de desterritorialidade, fim das fronteiras, morte do Estado. Há os otimistas e pessimistas, os defensores e os acusadores.

Tomemos o caso particular do Brasil para discutir mais de perto essa questão, ainda que nossa realidade se aparente à de muitos outros países do planeta. Com a globalização, o que temos é um território nacional da economia internacional, isto é, o território continua existindo, as normas públicas que o regem são da alçada nacional, ainda que as forças mais ativas do seu dinamismo atual tenham origem externa. Em outras palavras, a contradição entre o externo e o interno aumentou. Todavia, é o Estado nacional, em última análise, que detém o monopólio das normas, sem as quais os poderosos fatores externos perdem eficácia. Sem dúvida, a noção de soberania teve de ser revista, em face dos sistemas transgressores de âmbito planetário, cujo exercício violento acentua a porosidade das fronteiras. Estes são, sobretudo, a informação e a finança, cuja fluidez se multiplica graças às maravilhas da técnica contemporânea. Mas é um equívoco pensar que a informação e a finança exercem sempre sua força sem encontrar contrapartida interna. Esta depende de uma vontade política interior, capaz de evitar que a influência dos ditos fatores seja absoluta.

Ao contrário do que se repete impunemente, o Estado continua forte e a prova disso é que nem as empresas transnacionais, nem as instituições supranacionais dispõem de força normativa para impor, sozinhas, dentro de cada território, sua vontade política ou econômica. Por intermédio de suas normas de produção, de trabalho, de financiamento e de cooperação com outras firmas, as empresas transnacionais arrastam outras empresas e instituições dos lugares onde se instalam, impondo-lhes comportamentos compatíveis com seus interesses. Mas a vida de uma empresa vai além do mero processo técnico de produção e alcança todo o entorno, a começar pelo próprio mercado e incluindo também as infraestruturas geográficas de apoio, sem o que ela não pode ter êxito. É o Estado nacional que, afinal, regula o mundo financeiro e constrói infraestruturas, atribuindo, assim, a grandes empresas escolhidas a condição de sua viabilidade. O mesmo pode ser dito das instituições supranacionais (FMI, Banco Mundial, Nações Unidas, Organização Mundial do Comércio), cujos editos ou recomendações necessitam de decisões internas a cada país para que tenham eficácia. O Banco Central é, frequentemente, essa correia de transmissão (situada acima do Parlamento) entre uma vontade política externa e uma ausência de vontade interior. Por isso, tornou-se corriqueiro entregar a direção desses bancos centrais a personagens mais comprometidas com os postulados ideológicos da finança internacional do que com os interesses concretos das sociedades nacionais.

Mas a cessão de soberania não é algo natural, inelutável, automático, pois depende da forma como o governo de cada país decide fazer sua inserção no mundo da chamada globalização.

O Estado altera suas regras e feições num jogo combinado de influências externas e realidades internas. Mas não há apenas um caminho e este não é obrigatoriamente o da passividade. Por conseguinte, não é verdade que a globalização impeça a constituição de um projeto nacional. Sem isso, os governos ficam à mercê de exigências externas, por mais descabidas que sejam. Este parece ser o caso do Brasil atual. Cremos, todavia, que sempre é tempo de corrigir os rumos equivocados e, mesmo num mundo globalizado, fazer triunfar os interesses da nação.

IV

O TERRITÓRIO DO DINHEIRO E DA FRAGMENTAÇÃO

Introdução

No mundo da globalização, o espaço geográfico ganha novos contornos, novas características, novas definições. E, também, uma nova importância, porque a eficácia das ações está estreitamente relacionada com a sua localização. Os atores mais poderosos se reservam os melhores pedaços do território e deixam o resto para os outros.

Numa situação de extrema competitividade como esta em que vivemos, os lugares repercutem os embates entre os diversos atores e o território como um todo revela os movimentos de fundo da sociedade. A globalização, com a proeminência dos sistemas técnicos e da informação, subverte o antigo jogo da evolução territorial e impõe novas lógicas.

Os territórios tendem a uma compartimentação generalizada, onde se associam e se chocam o movimento geral da sociedade planetária e o movimento particular de cada fração, regional ou local, da sociedade nacional. Esses movimentos são paralelos a um processo de fragmentação que rouba às coletividades o comando do seu destino, enquanto os novos atores também não dispõem de instrumentos de regulação que interessem à sociedade em seu conjunto. A agricultura moderna, cientifizada e mundializada, tal como a assistimos se desenvolver em países como o Brasil, constitui um exemplo dessa tendência e um dado essencial ao entendimento do que no país constituem a compartimentação e a fragmentação atuais do território.

Outro fenômeno a levar em conta é o papel das finanças na reestruturação do espaço geográfico. O dinheiro usurpa em seu favor as perspectivas de fluidez do território, buscando conformar sob seu comando as outras atividades.

Mas o território não é um dado neutro nem um ator passivo. Produz-se uma verdadeira esquizofrenia, já que os lugares escolhidos acolhem e beneficiam os vetores da racionalidade dominante mas também permitem a emergência de outras formas de vida. Essa esquizofrenia do território e do lugar tem um papel ativo na formação da consciência. O espaço geográfico não apenas revela o transcurso da história como indica a seus atores o modo de nela intervir de maneira consciente.

1.

O espaço geográfico: compartimentação e fragmentação

Ao longo da história humana, olhado o planeta como um todo ou observado através dos continentes e países, o espaço geográfico sempre foi objeto de uma compartimentação. No começo havia ilhas de ocupação devidas à presença de grupos, tribos, nações, cujos espaços de vida formariam verdadeiros arquipélagos. Ao longo do tempo e à medida do aumento das populações e do intercâmbio, essa trama foi se tornando cada vez mais densa. Hoje, com a globalização, pode-se dizer que a totalidade da superfície da Terra é compartimentada, não apenas pela ação direta do homem, mas também pela sua presença política. Nenhuma fração do planeta escapa a essa influência. Desse modo, a velha noção de ecúmeno perde a antiga definição e ganha uma nova dimensão; tanto se pode dizer que toda a superfície da Terra se tornou ecúmeno quanto se pode afirmar que essa palavra já não se aplica apenas ao planeta efetivamente habitado. Com a globalização, todo e qualquer pedaço da superfície da Terra se torna funcional às necessidades, usos e apetites de Estados e empresas nesta fase da história.

Desse modo, a superfície da Terra é inteiramente compartimentada e o respectivo caleidoscópio se apresenta sem solução de continuidade. Redefinida em função dos característicos de uma época, a compartimentação atual distingue-se daquela do passado e frequentemente se dá como fragmentação. Seu conteúdo e definição variam através dos tempos, mas sempre revelam um cotidiano compartido e complementar, ainda que também conflitivo e hierárquico, um acontecer solidário identificado com o meio, ainda que sem excluir relações distantes. Tal solidariedade e tal identificação constituem a garantia de uma possível regulação interna. Já a fragmentação revela um cotidiano em que há parâmetros exógenos, sem referência ao meio. A assimetria na evolução das diversas partes e a dificuldade ou mesmo a impossibilidade de regulação, tanto interna quanto externa, constituem uma característica marcante.

A compartimentação: passado e presente

Até recentemente, a humanidade vivia o mundo da lentidão, no qual a prática de velocidades diferentes não separava os respectivos agentes. Eram ritmos diversos, mas não incompatíveis. Dentro de cada área, os compartimentos eram soldados por regras, ainda que não houvesse contiguidade entre eles. O mesmo pode ser dito em relação ao que se passava na escala internacional. O melhor exemplo, desde o último quartel do século XIX, é o da constituição dos impérios, fundado cada qual numa base técnica diferente, o que não impedia a sua coexistência nem a possibilidade de cooperação na diferença. Durante um século conviveram impérios como o britânico, portador das técnicas mais avançadas da produção material, dos transportes, das comunicações e do dinheiro, com impérios desse ponto de vista menos avançados, por exemplo, o império português ou o império espanhol. Pode-se dizer que a política compensava a diversidade e a diferenciação do poder técnico ou do poder econômico, assegurando, ao mesmo tempo, a ordem interna a cada um desses impérios e a ordem internacional. Por intermédio da política, cada país imperial regulava a produção própria e a das suas colônias, o comércio entre estas e os outros países, o fluxo de produtos, mercadorias e pessoas, o valor do dinheiro e as formas de governo. O famoso pacto colonial acabava por compreender todas as manifestações da vida histórica e os equilíbrios no interior de cada império se davam paralelamente ao equilíbrio entre as nações imperiais. De algum modo, a ordem internacional era produzida por meio da política dos Estados. Dentro de cada país, a compartimentação e a solidariedade presumiam a presença de certas condições, todas praticamente relacionadas com o território: uma economia territorial, uma cultura territorial, regidas por regras, igualmente territorializadas, na forma de leis e de tratados, mas também de costumes.

Por meio da regulação, a compartimentação dos territórios, na escala nacional e internacional, permite que sejam neutralizadas diferenças e mesmo as oposições sejam pacificadas, mediante um processo político que se renova, adaptando-se às realidades emergentes para também renovar, desse modo, a solidariedade.

No plano internacional, esse processo cumulativo de adaptações leva às modificações do estatuto colonial, aceleradas com o fim da Segunda Guerra Mundial. No plano interno, a busca de solidariedade conduz ao enriquecimento dos direitos sociais com a instalação de diferentes modalidades de democracia social.

Rapidez, fluidez, fragmentação

Hoje, vivemos um mundo da rapidez e da fluidez. Trata-se de uma fluidez virtual, possível pela presença dos novos sistemas técnicos, sobretudo os sistemas da informação, e de uma fluidez efetiva, realizada quando essa fluidez potencial é utilizada no exercício da ação, pelas empresas e instituições hegemônicas. A fluidez potencial aparece no imaginário e na ideologia como se fosse um bem comum, uma fluidez para todos, quando, na verdade, apenas alguns agentes têm a possibilidade de utilizá-la, tornando-se, desse modo, os detentores efetivos da velocidade. O exercício desta é, pois, o resultado das disponibilidades materiais e técnicas existentes e das possibilidades de ação.

Assim, o mundo da rapidez e da fluidez somente se entende a partir de um processo conjunto no qual participam de um lado as técnicas atuais e, de outro, a política atual, e esta é empreendida tanto pelas instituições públicas, nacionais, intranacionais e internacionais como pelas empresas privadas.

As atuais compartimentações dos territórios ganham esse novo ingrediente. Criam-se, paralelamente, incompatibilidades entre velocidades diversas; e os portadores das velocidades extremas buscam induzir os demais atores a acompanhá-los, procurando disseminar as infraestruturas necessárias à desejada fluidez nos lugares que consideram necessários para a sua atividade. Há, todavia, sempre, uma seletividade nessa difusão, separando os espaços da pressa daqueles outros propícios à lentidão, e dessa forma acrescentando ao processo de compartimentação nexos verticais que se superpõem à compartimentação horizontal, característica da história humana até data recente. O fenômeno é geral, já que, conforme vimos antes, tudo hoje está compartimentado; incluindo toda a superfície do planeta.

É por meio dessas linhas de menor resistência e, por conseguinte, de maior fluidez, que o mercado globalizado procura instalar a sua vocação de expansão, mediante processos que levam à busca da unificação e não propriamente à busca da união. O chamado mercado global se impõe como razão principal da constituição desses espaços da fluidez e, logo, da sua utilização, impondo, por meio de tais lugares, um funcionamento que reproduz as suas próprias bases (John Gray, *Falso amanhecer, os equívocos do capitalismo*, 1999), a começar pela competitividade. A literatura apologética da globalização fala de competitividade entre Estados, mas, na verdade, trata-se de competitividade entre empresas, que, às vezes, arrastam o Estado e sua força normativa na produção de condições favoráveis àquelas dotadas de mais poder. É dessa forma que se potencializa a vocação de rapidez e de urgência de algumas empresas em detrimento de outras, uma competitividade que agrava as diferenças de força e as disparidades, enquanto o território, pela sua organização, constitui-se num instrumento do exercício dessas diferenças de poder.

Cada empresa, porém, utiliza o território em função dos seus fins próprios e exclusivamente em função desses fins. As empresas apenas têm olhos para os seus próprios objetivos e são cegas para tudo o mais. Desse modo, quanto mais racionais forem as regras de sua ação individual tanto menos tais regras serão respeitosas do entorno econômico, social, político, cultural, moral ou geográfico, funcionando, as mais das vezes, como um elemento de perturbação e mesmo de desordem. Nesse movimento, tudo que existia anteriormente à instalação dessas empresas hegemônicas é convidado a adaptar-se às suas formas de ser e de agir, mesmo que provoque, no entorno preexistente, grandes distorções, inclusive a quebra da solidariedade social.

Competitividade *versus* solidariedade

Pode-se dizer então que, em última análise, a competitividade acaba por destroçar as antigas solidariedades, frequentemente horizontais, e por impor uma solidariedade vertical, cujo epicentro é a empresa hegemônica, localmente obediente a interesses globais mais poderosos e, desse modo, indiferente ao entorno. As solidariedades horizontais preexistentes refaziam-se historicamente a partir de um debate interno, levando a ajustes inspirados na vontade de reconstruir, em novos termos, a própria solidariedade horizontal. Já agora, a solidariedade vertical que se impõe exclui qualquer debate local eficaz, já que as empresas hegemônicas têm apenas dois caminhos: permanecer para exercer plenamente seus objetivos individualistas ou retirar-se.

Como cada empresa hegemônica no objetivo de se manter como tal deve realçar tais interesses individuais, sua ação é raramente coordenada com a de outras, ou com o poder público, e tal descoordenação agrava a desorganização, isto é, reduz as possibilidades do exercício de uma busca de sentido para a vida local.

Cada empresa hegemônica age sobre uma parcela do território. O território como um todo é objeto da ação de várias empresas, cada qual, conforme já vimos, preocupada com suas próprias metas e arrastando, a partir dessas metas, o comportamento do resto das empresas e instituições. Que resta então da nação diante dessa nova realidade? Como a nação se exerce diante da verdadeira fragmentação do território, função das formas contemporâneas de ação das empresas hegemônicas?

A palavra fragmentação impõe-se com toda força porque, nas condições anteriormente descritas, não há regulação possível ou esta apenas consagra alguns atores e estes, enquanto produzem uma ordem em causa própria, criam, paralelamente, desordem para tudo o mais. Como essa *ordem desordeira* é global, inerente ao próprio processo produtivo da globalização atual, ela não tem limites; mas não tem limites porque também não tem finalidades e, desse modo, nenhuma regulação é possível, porque não desejada. Esse novo poder das grandes empresas, cegamente exercido, é, por natureza, desagregador, excludente, fragmentador, sequestrando autonomia ao resto dos atores.

Os fragmentos resultantes desse processo articulam-se externamente segundo lógicas duplamente estranhas: por sua sede distante, longínqua quanto ao espaço da ação, e pela sua inconformidade com o sentido preexistente da vida na área em que se instala. Desse modo, produz-se uma verdadeira alienação territorial à qual correspondem outras formas de alienação.

Dentro de um mesmo país se criam formas e ritmos diferentes de evolução, governados pelas metas e destinos específicos de cada empresa hegemônica, que arrastam com sua presença outros atores sociais, mediante a aceitação ou mesmo a elaboração de discursos "nacionais-regionais" alienígenas ou alienados.

Outra reação conduz à elaboração paralela de discursos reativos dotados de conteúdo específico e destinados a mostrar inconformidade com as formas vigentes de inserção no "mundo". Criam-se, em certos casos, novas soberanias, como, por exemplo, na antiga Iugoslávia, ou autonomias ampliadas, entronizando o que se poderiam chamar *regiões-países*, cujo exemplo emblemático nos vem da Espanha. Como resolver a questão de dentro de um mesmo país, quando o passado não ofereceu como herança conjunta a existência de culturas particulares solidamente estabelecidas, junto a uma vontade política regional já exercida como poder?

Esse problema se torna mais agudo na medida em que as compartimentações atuais do território não são enxergadas como fragmentação. Isso se dá, geralmente, quando a interpretação do fato nacional é entregue a visões aparentemente totalizantes, mas na realidade particularistas, como certos enfoques da economia e, mesmo, da ciência política, que não se apropriam da noção do território considerado como *território usado* e visto, desse modo, como estrutura dotada de um movimento próprio. É melhor fazer a nação por intermédio do seu território, porque nele tudo o que é vida está representado.

2.

A agricultura científica globalizada e a alienação do território

Desde o princípio dos tempos, a agricultura comparece como uma atividade reveladora das relações profundas entre as sociedades humanas e o seu entorno. No começo da história tais relações eram, a bem dizer, entre os grupos humanos e a natureza. O avanço da civilização atribui ao homem, por meio do aprofundamento das técnicas e de sua difusão, uma capacidade cada vez mais crescente de alterar os dados naturais quando possível, reduzir a importância do seu impacto e, também, por meio da organização social, de modificar a importância dos seus resultados. Os últimos séculos marcam, para a atividade agrícola, com a humanização e a mecanização do espaço geográfico, uma considerável mudança de qualidade, chegando-se, recentemente, à constituição de um meio geográfico a que podemos chamar de meio técnico-científico-informacional, característico não apenas da vida urbana mas também do mundo rural, tanto nos países avançados como nas regiões mais desenvolvidas dos países pobres. É desse modo que se instala uma agricultura propriamente científica, responsável por mudanças profundas quanto à produção agrícola e quanto à vida de relações.

Podemos agora falar de uma agricultura científica globalizada. Quando a produção agrícola tem uma referência planetária, ela recebe influência daquelas mesmas leis que regem os outros aspectos da produção econômica. Assim, a competitividade, característica das atividades de caráter planetário, leva a um aprofundamento da tendência à instalação de uma agricultura científica. Esta, como vimos, é exigente de ciência, técnica e informação, levando ao aumento exponencial das quantidades produzidas em relação às superfícies plantadas. Por sua natureza global, conduz a uma demanda extrema de comércio. O dinheiro passa a ser uma "informação" indispensável.

A demanda externa de racionalidade

Nas áreas onde essa agricultura científica globalizada se instala, verifica-se uma importante demanda de bens científicos (sementes, inseticidas, fertilizantes, corretivos) e, também, de assistência técnica. Os produtos são escolhidos segundo uma base mercantil, o que também implica uma estrita obediência aos mandamentos científicos e técnicos. São essas condições que regem os processos de plantação, colheita, armazenamento, empacotamento, transportes e comercialização, levando à introdução, aprofundamento e difusão de processos de racionalização que se contagiam mutuamente, propondo a instalação de sistemismos, que atravessam o território e a sociedade, levando, com a racionalização das práticas, a uma certa homogeneização.

Dá-se, na realidade, também, uma certa militarização do trabalho, já que o critério do sucesso é a obediência às regras sugeridas pelas atividades hegemônicas, sem cuja utilização os agentes recalcitrantes acabam por ser deslocados. Se entendermos o território como um conjunto de equipamentos, de instituições, práticas e normas, que conjuntamente movem e são movidas pela sociedade, a agricultura científica, moderna e globalizada acaba por atribuir aos agricultores modernos a velha condição de servos da gleba. É atender a tais imperativos ou sair.

Nas áreas onde tal fenômeno se verifica, registra-se uma tendência a um duplo desemprego: o dos agricultores e outros empregados e o dos proprietários; por isso, forma-se no mundo rural em processo de modernização uma nova massa de emigrantes, que tanto pode se dirigir às cidades quanto participar da produção de novas frentes pioneiras, dentro do próprio país ou no estrangeiro, como é o caso dos brasiguaios.

As situações assim criadas são variadas e múltiplas, produzindo uma tipologia de atividades cujos subtipos dependem das condições fundiárias, técnicas e operacionais preexistentes. Numa mesma área, ainda que as produções predominantes se assemelhem, a heterogeneidade é de regra. Há, na verdade, heterogeneidade e complementaridade. Desse modo, pode-se falar na existência simultânea de continuidades e descontinuidades. É dessa maneira que se enriquece o papel da vizinhança e, a despeito das diferenças existentes entre os diversos agentes, eles vivem em comum certas experiências, como, por exemplo, a subordinação ao mercado distante.

Tal experiência é tanto mais sensível porque decorre de uma demanda "externa" de "racionalidade" e das respectivas dificuldades de oferecer uma resposta. Resta, como consequência, a tomada de consciência da importância de fatores "externos": um mercado longínquo, até certo ponto abstrato; uma concorrência de certo modo "invisível"; preços internacionais e nacionais sobre os quais não há controle local, improvável, também, para outros componentes do cotidiano, igualmente elaborados de fora, como o valor externo da moeda (câmbio), de que depende o valor interno da produção, o custo do dinheiro e o peso sobre o produtor dos lucros auferidos por todos os tipos de intermediação.

A cidade do campo

A agricultura moderna se realiza por meio dos seus *belts*, *spots*, áreas, mas a sua relação com o mundo e com as áreas dinâmicas do país se dá por meio de pontos. É o que explica, por exemplo, o importante relacionamento existente entre cidades regionais e São Paulo. Nessas localidades dá-se uma oferta de informação, imediata e próxima, ligada à atividade agrícola e produzindo uma atividade urbana de fabricação e de serviços que, fruto da produção regional, é largamente "especializada" e, paralelamente, um outro tipo de atividade urbana ligada ao consumo das famílias e da administração. A cidade é um polo indispensável ao comando técnico da produção, a cuja natureza se adapta, e é um lugar de residência de funcionários da administração pública e das empresas, mas também de pessoas que trabalham no campo e que, sendo agrícolas, são também urbanas, isto é, urbano-residentes. Às atividades e profissões tradicionais juntam-se novas ocupações e às burguesias e classes médias tradicionais juntam-se as modernas, formando uma mescla de formas de vida, atitudes e valores. Tal cidade, cujo papel de comando técnico da produção é bastante amplo, tem também um papel político diante dessa mesma produção. Mas, na medida em que a produção agrícola tem uma vocação global, esse papel político é limitado, incompleto e indireto. O mundo, confusamente enxergado a partir desses lugares, é visto como um parceiro inconstante. Sem dúvida, os diversos atores têm interesses diferentes, às vezes convergentes, certamente complementares. Trata-se de uma produção local mista, matizada, contraditória de ideias. São visões do mundo, do país e do lugar elaboradas na cooperação e no conflito. Tal processo é criador de ambiguidades e de perplexidades, mas também de uma certeza dada pela emergência da cidade como um lugar político, cujo papel é duplo: ela é um regulador do trabalho agrícola, sequioso de uma interpretação do movimento do mundo, e é a sede de uma sociedade local compósita e complexa, cuja diversidade constitui um permanente convite ao debate.

3.

Compartimentação e fragmentação do espaço: o caso do Brasil

O exame do caso brasileiro quanto à modernização agrícola revela a grande vulnerabilidade das regiões agrícolas modernas em face da "modernização globalizadora". Examinando o que significa na maior parte dos estados do Sul e do Sudeste e nos estados de Mato Grosso e de Mato Grosso do Sul, bem como em manchas isoladas de outros estados, verifica-se que o campo modernizado se tornou praticamente mais aberto à expansão das formas atuais do capitalismo que as cidades. Desse modo, enquanto o urbano surge, sob muitos aspectos e com diferentes matizes, como o lugar da resistência, as áreas agrícolas se transformam agora no lugar da vulnerabilidade.

O papel das lógicas exógenas

De tais áreas pode-se dizer que atualmente funcionam sob um regime obediente a preocupações subordinadas a lógicas distantes, externas em relação à área da ação; mas essas lógicas são internas aos setores e às empresas globais que as mobilizam. Daí se criarem situações de alienação que escapam a regulações locais ou nacionais, embora arrastem comportamentos locais, regionais, nacionais em todos os domínios da vida, influenciando o comportamento da moeda, do crédito, do gasto público e do emprego, incidindo sobre o funcionamento da economia regional e urbana, por intermédio de suas relações determinantes sobre o comércio, a indústria, os transportes e os serviços. Paralelamente, alteram-se os comportamentos políticos e administrativos e o conteúdo da informação.

Esse processo de adaptação das regiões agrícolas modernas se dá com grande rapidez, impondo-lhes, num pequeno espaço de tempo, sistemas de vida cuja relação com o meio é reflexa, enquanto as determinações fundamentais vêm de fora.

Num mundo globalizado, idêntico movimento pode ser também rapidamente implantado em outras áreas, num mesmo país ou em outro continente. Assim, a noção de competitividade mostra-se aqui com toda força, politicamente ajudada pelas manipulações do comércio exterior ou das barreiras alfandegárias. Cabe perguntar, nessas circunstâncias, o que pode acontecer a uma área agrícola que, mediante um desses processos, seja esvaziada do seu conteúdo econômico. Que acontecerá, por exemplo, às novas áreas de agricultura globalizada do estado de São Paulo no caso da mudança internacional da conjuntura da economia da laranja, do açúcar ou do álcool? E como, diante de tal mudança, poderão reagir a região, o estado de São Paulo e a nação?

A apreciação das perspectivas abertas a essas áreas modernizadas, com tendência a particularizações extremas, deve levar em conta o fato de que o sentido que é impresso à vida, em todas as suas dimensões, baseia-se, em maior ou menor grau, em fatores exógenos. De um ponto de vista nacional, redefine-se uma diversidade regional que agora não é controlada nem controlável, seja pela sociedade local, seja pela sociedade nacional. É uma diversidade regional de novo tipo, em que se agravam as disparidades territoriais (em equipamento, recursos, informação, força econômica e política, características da população, níveis de vida etc.).

Ao menos em um primeiro momento e sob o impulso da competitividade globalizadora, produzem-se egoísmos locais ou regionais exacerbados, justificados pela necessidade de defesa das condições de sobrevivência regional, mesmo que isso tenha de se dar à custa da ideia de integridade nacional. Esse caldo de cultura pode levar à quebra da solidariedade nacional e conduzir a uma fragmentação do território e da sociedade.

As dialéticas endógenas

Há, todavia, uma dialética interna a cada um dos fragmentos resultantes. O produto (ou produtos) com a responsabilidade de comando da economia regional inclui atores com diferentes perfis e interesses, cujo índice de satisfação também é diferente. Dentro de cada região, as alianças e acordos e os contratos sociais implícitos ou explícitos estão sempre se refazendo e a hegemonia deve ser sempre revista.

O processo produtivo reúne aspectos técnicos e aspectos políticos. Os primeiros têm mais a ver com a produção propriamente dita e sua área de incidência se verifica mormente dentro da própria região. A parcela política do processo produtivo, ao contrário, relacionada com o comércio, os preços, os subsídios, o custo do dinheiro etc., tem sua sede fora da região e seus processos frequentemente escapam ao controle (e até mesmo ao entendimento) dos principais interessados. É isso que leva à tomada gradativa de consciência pela sociedade local de que lhe escapa a palavra final quanto à produção local do valor.

Nessas circunstâncias, a cidade ganha uma nova dimensão e um novo papel, mediante uma vida de relações também renovada, cuja densidade inclui as tarefas ligadas à produção globalizada. Por isso, a cidade se torna o lugar onde melhor se esclarecem as relações das pessoas, das empresas, das atividades e dos "fragmentos" do território com o país e com o "mundo". Esse papel de encruzilhada agora atribuído aos centros regionais da produção agrícola modernizada faz deles o lugar da produção ativa de um discurso (com pretensões a ser unitário) e de uma política com pretensão a ser mais que um conjunto de regras particulares. Todavia, tais políticas acabam, no longo prazo e mesmo no médio prazo, por revelar sua debilidade, sua relatividade, sua ineficácia, sua não operacionalidade. O que reclamar do poder local vistos os limites da sua competência; que reivindicar aos estados federados; que solicitar eficazmente aos agentes econômicos globais, quando se sabe que estes podem encontrar satisfação aos seus apetites de ganho simplesmente mudando o lugar de sua operação? Para encontrar um começo de resposta, o primeiro passo é regressar às noções de nação, solidariedade nacional, Estado nacional. De um ponto de vista prático, voltaríamos à ideia, já expressa por nós em outra ocasião, da constituição de uma federação de lugares, com a reconstrução da federação brasileira a partir da célula local, feita de forma que o território nacional venha a conhecer uma compartimentação que não seja também uma fragmentação. Desse modo, a federação seria refeita de baixo para cima, ao contrário da tendência a que agora está sendo arrastada pela subordinação aos processos de globalização.

4.

O território do dinheiro

A queda de braço entre governos municipais e estaduais e o governo federal é mais que uma discussão técnica para saber quem deve arcar com o ônus das dificuldades financeiras dos 27 estados e dos mais de 5.500 municípios. A questão é a federação e sua inadequação aos tempos da nova história com a emergência da globalização. O que está em jogo é o próprio sistema de relações constituído, de um lado, pelos novos conteúdos demográfico, econômico, social de estados e municípios e a manutenção do conteúdo normativo do território, agora que em face da globalização se produz um embate entre um dinheiro globalizado e as instâncias político-administrativas do Estado brasileiro.

Definições

O território não é apenas o resultado da superposição de um conjunto de sistemas naturais e um conjunto de sistemas de coisas criadas pelo homem. O território é o chão e mais a população, isto é, uma identidade, o fato e o sentimento de pertencer àquilo que nos pertence. O território é a base do trabalho, da residência, das trocas materiais e espirituais e da vida, sobre os quais ele influi. Quando se fala em território deve-se, pois, de logo, entender que se está falando em território usado, utilizado por uma dada população. Um faz o outro, à maneira da célebre frase de Churchill: primeiro fazemos nossas casas, depois elas nos fazem... A ideia de tribo, povo, nação e, depois, de Estado nacional decorre dessa relação tornada profunda.

O dinheiro é uma invenção da vida de relações e aparece como decorrência de uma atividade econômica para cujo intercâmbio o simples escambo já não basta. Quando a complexidade é um fruto de especializações produtivas e a vida econômica se torna complexa, o dinheiro acaba sendo indispensável e termina se impondo como um equivalente geral de todas as coisas que são objeto de comércio. Na verdade, o dinheiro constitui, também, um dado do processo, facilitando seu aprofundamento, já que ele se torna representativo do valor atribuído à produção e ao trabalho e aos respectivos resultados.

O dinheiro e o território: situações históricas

Num primeiro momento trata-se do dinheiro local, expressivo de um horizonte comercial elementar, abrangente de contextos geográficos limitados ou para atender às necessidades de um comércio e de uma circulação longínquos, nas mãos de comerciantes itinerantes, avalistas do valor das mercadorias. Tal mundo é caracterizado por compartimentações muito numerosas, mas um mundo sem movimento, lento, estável e cujos fragmentos quase seriam autocontidos. Tais mônadas, numerosas, existiriam paralelamente, mas sem o princípio geral sugerido por Leibniz.

Nesse primeiro momento, o funcionamento do território deve muito às suas feições naturais, às quais os homens se adaptam, com pequena intermediação técnica. As relações sociais presentes são pouco numerosas, simples e pouco densas. O entorno dos homens acaba por lhe ser conhecido e os seus mistérios são apenas devidos às forças naturais desconhecidas. Tais condições materiais terminam por se impor sobre o resto da vida social, numa situação na qual o valor de cada pedaço de chão lhe é atribuído pelo seu uso. Assim, a existência pode ser interpretada a partir de relações observadas diretamente entre os homens e entre os homens e o meio. O território usado pela sociedade local rege as manifestações da vida social, inclusive o dinheiro.

Metamorfoses das duas categorias ao longo do tempo

Com a ampliação do comércio produz-se uma interdependência crescente entre sociedades até então relativamente isoladas, cresce o número de objetos e valores a trocar, as próprias trocas estimulam a diversificação e o aumento de volume de uma produção destinada a um consumo longínquo. O dinheiro se instala como condição, tanto desse escambo quanto da produção de cada grupo, tornando-se instrumental à regulação da vida econômica e assegurando, assim, o alargamento do seu âmbito e a frequência do seu uso.

Na realidade, o que cresce, se expande e se torna mais complexo e denso não é apenas o comércio internacional, mas, também, o interno. Assim, cada vez mais coisas tendem a tornar-se objeto de intercâmbio, valorizado cada vez mais pela troca do que pelo uso e, desse modo, reclamando uma medida homogênea e permanente. Assim, o dinheiro aumenta sua indispensabilidade e invade mais numerosos aspectos da vida econômica e social.

Paralelamente, o território se apresenta como uma arena de movimentos cada vez mais numerosos, fundados sobre uma lei do valor que tanto deve ao caráter da produção presente em cada lugar como às possibilidades e realidades da circulação. O dinheiro é, cada vez mais, um dado essencial para o uso do território.

Mas a lei do valor também se estende aos próprios lugares, cada qual representando, em dada circunstância e em função do comércio de que participam, um certo índice de valor que é, também, a base dos movimentos que deles partem ou que a eles chegam.

Quanto mais movimento, maior se torna a complexidade das relações internas e externas e aprofunda-se a necessidade de uma regulação, da qual o dinheiro constitui um dos elementos, ainda que o seu papel não seja o papel central. Este é atribuído à categoria estado, cuja necessidade se levanta como um imperativo, atribuindo-se limites externos (as fronteiras estabelecidas), limites internos (as subdivisões político-administrativas em diversos níveis) e conteúdos normativos (as leis e os costumes), em matéria de competências e recursos. É assim que se instalam na história, categorias interdependentes: o Estado territorial, o território nacional, o Estado nacional. São eles que, em conjunto, regem o dinheiro.

Há, por conseguinte, um dinheiro nacional que, apesar de um comércio externo crescente, tem a cara do país e é regulado pelo país. Dir-se-ia que esse dinheiro é relativamente comandado de dentro.

O dinheiro da globalização

Com a globalização, o uso das técnicas disponíveis permite a instalação de um dinheiro fluido, relativamente invisível, praticamente abstrato.

Como equivalente geral, o dinheiro se torna um equivalente realmente universal, ao mesmo tempo que ganha uma existência praticamente autônoma em relação ao resto da economia. Assim autonomizado, pode-se até dizer que esse dinheiro, em estado puro, é um equivalente geral dele próprio. Talvez por isso sua existência concreta e sua eficácia sejam resultado das normas com as quais se impõe aos outros dinheiros e a todos os países, permitindo-se, desse modo, a elaboração de um discurso, sem o qual sua eficácia seria infinitamente menor e a sua força menos evidente. É, aliás, a partir deste caráter ideológico, equivalente a uma verdadeira falsificação do critério, que o dinheiro global é também despótico.

Nas condições atuais, as lógicas do dinheiro impõem-se àquelas da vida socioeconômica e política, forçando mimetismos, adaptações, rendições. Tais lógicas se dão segundo duas vertentes: uma é a do dinheiro das empresas que, responsáveis por um setor da produção, são, também, agentes financeiros, mobilizados em função da sobrevivência e da expansão de cada firma em particular; mas, há, também, a lógica dos governos financeiros globais, Fundo Monetário Internacional, Banco Mundial, bancos travestidos em regionais como o BID. É por intermédio deles que as finanças se dão como inteligência geral.

Essa inteligência global é exercida pelo que se chamaria de contabilidade global, cuja base é um conjunto de parâmetros segundo os quais aqueles governos globais medem, avaliam e classificam as economias nacionais, por meio de uma escolha arbitrária de variáveis que apenas contempla certa parcela da produção, deixando praticamente de lado o resto da economia. Por isso, pode-se dizer que, adotado esse critério de avaliação, o Produto Nacional Bruto apenas constitui um nome fantasia para essa famosa contabilidade global.

É por meio desse mecanismo que o dinheiro global autonomizado, e não mais o capital como um todo, se torna, hoje, o principal regedor do território, tanto o território nacional como suas frações.

Antes, o território continha o dinheiro, em uma dupla acepção: o dinheiro sendo representativo do território que o abrigava e sendo, em parte, regulado pelo território, considerado como território usado. Hoje, sob influência do dinheiro global, o conteúdo do território escapa a toda regulação interna, objeto que ele é de uma permanente instabilidade, da qual os diversos agentes apenas constituem testemunhas passivas.

A ação territorial do dinheiro global em estado puro acaba por ser uma ação cega, gerando ingovernabilidades, em virtude dos seus efeitos sobre a vida econômica, mas também sobre a vida administrativa.

No território, a finança global instala-se como a regra das regras, um conjunto de normas que escorre, imperioso, sobre a totalidade do edifício social, ignorando as estruturas vigentes, para melhor poder contrariá-las, impondo outras estruturas. No lugar, a finança global se exerce pela existência das pessoas, das empresas, das instituições, criando perplexidades e sugerindo interpretações que podem conduzir à ampliação da consciência.

Situações regionais

A vontade de homogeneização do dinheiro global é contrariada pelas resistências locais à sua expansão. Desse modo, seu processo tende a ser diferente, segundo os espaços socioeconômicos e políticos.

Há, também, uma vontade de adaptação às novas condições do dinheiro, já que a fluidez financeira é considerada uma necessidade para ser competitivo e, consequentemente, exitoso no mundo globalizado.

A constituição do Mercado Comum Europeu, isto é, da Comunidade Econômica Europeia, a instituição da ASEAN e o pretendido estabelecimento da ALCA obedecem a esse mesmo princípio, de modo a permitir às respectivas economias, mas sobretudo aos Estados líderes e às empresas neles situadas, que possam participar de modo mais agressivo do comércio mundial, buscando — o que lhes parece necessário — a cobiçada hegemonia.

A Europa é o subcontinente mais avançado no que toca a essa questão. É verdade que o processo de unificação europeia se inicia após a Segunda Guerra Mundial e vem realizando etapas sucessivas, sendo a última, em data, a constituição do mercado comum financeiro, do qual a moeda única, o euro, constitui o símbolo. As etapas precedentes constituíram uma espécie de preparação para a unificação financeira e incluíram medidas objetivando a fluidez das mercadorias, dos homens, da mão de obra e do próprio território, inclusive nos países menos desenvolvidos, de modo que a Europa como um todo se pudesse tornar um continente igualmente fluido. Sem isso e sem o reforço da ideia de cidadania — uma cidadania agora multinacional para os signatários do Tratado de Schengen —, seria impossível pensar numa moeda única sem aumentar as diferenças e desequilíbrios já existentes.

Completando esse pano de fundo, a unificação monetária é considerada um fator indispensável ao estabelecimento de uma economia europeia competitiva no nível global, mediante uma divisão do trabalho renovada, segundo a qual alguns países veem reforçadas algumas de suas atividades e devem renunciar a outras, após uma concertação, às vezes longa e penosa, em Bruxelas. Na verdade, porém, essa unificação e equalização intraeuropeia acaba por ser mais um episódio de uma guerra, porque destinadas a fortalecer a Europa para competir com os outros membros da Tríade e tirar proveito de suas relações assimétricas com o resto do mundo.

O caso latino-americano e brasileiro é diferente. O próprio Mercosul mantém, por enquanto, uma prática limitada ao comércio, e seu próprio projeto é menos abrangente quanto às relações sociais, culturais e políticas. Não há uma clara preocupação de buscar um desenvolvimento homogêneo e as iniciativas de investimento têm muito mais a ver com o crescimento do produto, isto é, com o florescimento de certo número de empresas voltadas para o comércio regional, das quais, aliás, algumas são igualmente inseridas no comércio mundial. Por outro lado, diferentemente do caso europeu, as moedas nacionais não são propriamente conversíveis, nem comunicáveis diretamente entre elas. Sua relação com o mundo é pobre, tanto quantitativa como qualitativamente, já que são moedas dependentes, cujo desvalimento aumenta em face da globalização, constituindo um elemento a mais de agravamento de sua própria dependência.

Efeitos do dinheiro global

Esta é uma das razões pelas quais a decisão de participar passivamente da globalização acaba por ser danosa. Quanto melhor é o exercício do modelo, pior é para o país. Essa situação é ainda mais grave nos países complexos e grandes, na medida em que a vocação homogeneizadora do capital global vai ser exercida sobre uma base formada por parcelas muito diferentes umas das outras e cujas diferenças e desigualdades são ampliadas sob tal ação unitária.

O dinheiro regulador e homogeneizador agrava heterogeneidades e aprofunda as dependências. É assim que ele contribui para quebrar a solidariedade nacional, criando ou aumentando as fraturas sociais e territoriais e ameaçando a unidade nacional.

O conteúdo do território como um todo e de cada um dos seus compartimentos muda de forma brusca e, também, rapidamente perde uma parcela maior ou menor de sua identidade, em favor de formas de regulação estranhas ao sentido local da vida.

É por esse prisma que deveria ser vista a questão da federação e da governabilidade da nação: na medida em que o governo da nação se solidariza com os desígnios das forças externas, levantam-se problemas cruciais para estados e municípios.

A questão é estrutural e, desse modo, o problema de estados e municípios é, no fundo, um só; esse problema é constituído pelas formas atuais de compartimentação do território e o seu novo conteúdo, que inclui as formas de ação do dinheiro internacional.

Epílogo

A questão que se põe como uma espada de Dâmocles sobre as nossas cabeças é a seguinte: vamos reconstruir a federação para servir melhor ao dinheiro ou para atender à população? Agora, tudo está sendo feito para refazer a federação de modo que seja instrumental às forças financeiras. São o Banco Central e o Ministério da Fazenda, em combinação com as instituições financeiras internacionais, que orientam as grandes reformas ora em curso. Devemos, então, nos preparar para a nova etapa que, aliás, já se anuncia — a da reconstrução do arcabouço político-territorial do país a serviço da sociedade, isto é, da população.

5.

Verticalidades e horizontalidades

O tema das verticalidades e das horizontalidades já havia sido tratado por mim no livro *A natureza do espaço. Técnica e tempo. Razão e emoção* (1996), sobretudo no capítulo 12. Vamos agora abordá-lo segundo novos ângulos e ambicionando uma visão prospectiva, a partir desses dois recortes superpostos e complementares do espaço geográfico atual.

As verticalidades

As verticalidades podem ser definidas, num território, como um conjunto de pontos formando um espaço de fluxos. A ideia, de certo modo, remonta aos escritos de François Perroux (*L'économie du XXe siècle*, 1961), quando ele descreveu o espaço econômico. Tal noção foi recentemente reapropriada por Manuel Castells (*A sociedade em rede*, 1999). Esse espaço de fluxos seria, na realidade, um subsistema dentro da totalidade-espaço, já que para os efeitos dos respectivos atores o que conta é, sobretudo, esse conjunto de pontos adequados às tarefas produtivas hegemônicas, características das atividades econômicas que comandam este período histórico.

O sistema de produção que se serve desse espaço de fluxos é constituído por redes — um sistema reticular —, exigente de fluidez e sequioso de velocidade. São os atores do tempo rápido, que plenamente participam do processo, enquanto os demais raramente tiram todo proveito da fluidez. Tais espaços de fluxos vivem uma solidariedade do tipo organizacional, isto é, as relações que mantêm a agregação e a cooperação entre agentes resultam em um processo de organização, no qual predominam fatores externos às áreas de incidência dos mencionados agentes. Chamemos macroatores àqueles que de fora da área determinam as modalidades internas de ação. É a esses macroatores que, em última análise, cabe direta ou indiretamente a tarefa de organizar o trabalho de todos os outros, os quais de uma forma ou de outra dependem da sua regulação. O fato de que cada um deva adaptar comportamentos locais aos interesses globais, que estão sempre mudando, leva o processo organizacional a se dar com descontinuidades, cujo ritmo depende do número e do poder correspondente a cada macroagente.

Por intermédio dos mencionados pontos do espaço de fluxos, as macroempresas acabam por ganhar um papel de regulação do conjunto do espaço. Junte-se a esse controle a ação explícita ou dissimulada do Estado, em todos os seus níveis territoriais. Trata-se de uma regulação frequentemente subordinada porque, em grande número de casos, destinada a favorecer os atores hegemônicos. Tomada em consideração determinada área, o espaço de fluxos tem o papel de integração com níveis econômicos e espaciais mais abrangentes. Tal integração, todavia, é vertical, dependente e alienadora, já que as decisões essenciais concernentes aos processos locais são estranhas ao lugar e obedecem a motivações distantes.

Nessas condições, a tendência é a prevalência dos interesses corporativos sobre os interesses públicos, quanto à evolução do território, da economia e das sociedades locais. Dentro desse quadro, a política das empresas — isto é, sua *policy* — aspira, e consegue, mediante uma *governance*, a tornar-se política; na verdade, uma política cega, pois deixa a construção do destino de uma área entregue aos interesses privatísticos de uma empresa que não tem compromissos com a sociedade local.

Na situação anteriormente descrita, instalam-se forças centrífugas certamente determinantes, com maior ou menor força, do conjunto dos comportamentos. E, em certos casos, quando conseguem contagiar o todo ou a maioria do corpo produtivo, tais forças centrífugas são, ao mesmo tempo, determinantes e dominantes. Tal dominância é também portadora da racionalidade hegemônica e cujo poder de contágio facilita a busca de uma unificação e de uma homogeneização.

As frações do território que constituem esse espaço de fluxos constituem o reino do tempo real, subordinando-se a um relógio universal, aferido pela temporalidade globalizada das empresas hegemônicas presentes. Desse modo ordenado, o espaço de fluxos tem vocação a ser ordenador do espaço total, tarefa que lhe é facilitada pelo fato de a ele ser superposto.

O modelo econômico assim estabelecido tende a reproduzir-se, ainda que mostre topologias específicas, ligadas à natureza dos produtos, à força das empresas implicadas e à resistência do espaço preexistente. O modelo hegemônico é planejado para ser, em sua ação individual, indiferente a seu entorno. Mas este de algum modo se opõe à plenitude dessa hegemonia. Esta, porém, é exercida em sua forma limite, pois a empresa se esforça por esgotar as virtualidades e perspectivas de sua ação "racional". O nível desse limite define a operação respectiva do ponto de vista de sua rentabilidade, comparada à de outras empresas e à de outros lugares. Se considerada insatisfatória, leva à sua migração.

As verticalidades são, pois, portadoras de uma ordem implacável, cuja convocação incessante a segui-la representa um convite ao estranhamento. Assim, quanto mais "modernizados" e penetrados por essa lógica, mais os espaços respectivos se tornam alienados. O elenco das condições de realização das verticalidades mostra que, para sua efetivação, ter um sentido é desnecessário, enquanto a grande força motora seria aquele instinto animal das empresas mencionado, há decênios, por Stephan Hymer e agora multiplicado e potencializado a partir da globalização.

As verticalidades realizam de modo indiscutível aquela ideia de Jean Gottmann ("The evolution of the concept of territory", *Information sur les Sciences Sociales*, 1975), segundo a qual o território pode ser visto como um recurso, justamente a partir do uso pragmático que o equipamento modernizado de pontos escolhidos assegura.

As horizontalidades

As horizontalidades são zonas da contiguidade que formam extensões contínuas. Valemo-nos, outra vez, do vocabulário de François Perroux quando se referiu à existência de um "espaço banal" em oposição ao espaço econômico. O espaço banal seria o espaço de todos: empresas instituições, pessoas; o espaço das vivências.

Esse espaço banal, essa extensão continuada, em que os atores são considerados na sua contiguidade, são espaços que sustentam e explicam um conjunto de produções localizadas, interdependentes, dentro de uma área cujas características constituem, também, um fator de produção. Todos os agentes são, de uma forma ou de outra, implicados, e os respectivos tempos, mais rápidos ou mais vagarosos, são imbricados. Em tais circunstâncias pode-se dizer que a partir do espaço geográfico cria-se uma solidariedade orgânica, o conjunto sendo formado pela existência comum dos agentes exercendo-se sobre um território comum. Tais atividades, não importa o nível, devem sua criação e alimentação às ofertas do meio geográfico local. Tal conjunto indissociável evolui e muda, mas tal movimento pode ser visto como uma continuidade, exatamente em virtude do papel central que é jogado pelo mencionado meio geográfico local.

Nesse espaço banal, a ação atual do Estado, além de suas funções igualmente banais, é limitada. Na verdade, mudadas as condições políticas, é nesse espaço banal que o poder público encontraria as melhores condições para sua intervenção. O fato de que o Estado se preocupe sobretudo com o desempenho das macroempresas, às quais oferece regras de natureza geral que desconhecem particularidades criadas a partir do meio geográfico, leva à ampliação das verticalidades e, paralelamente, permite o aprofundamento da personalidade das horizontalidades. Nestas, ainda que estejam presentes empresas com diferentes níveis de técnicas, de capital e de organização, o princípio que permite a sobrevivência de cada uma é o da busca de certa integração no processo da ação.

Trata-se, aqui, da produção local de uma integração solidária, obtida mediante solidariedades horizontais internas, cuja natureza é tanto econômica, social e cultural como propriamente geográfica. A sobrevivência do conjunto, não importa que os diversos agentes tenham interesses diferentes, depende desse exercício da solidariedade, indispensável ao trabalho e que gera a visibilidade do interesse comum. Tal ação comum não é obrigatoriamente o resultado de pactos explícitos nem de políticas claramente estabelecidas. A própria existência, adaptando-se a situações cujo comando frequentemente escapa aos respectivos atores, acaba por exigir de cada qual um permanente estado de alerta, no sentido de apreender as mudanças e descobrir as soluções indispensáveis.

Pode-se dizer que tal situação assegura a permanência de forças centrípetas. Estas, ainda que não sejam determinantes (já que as horizontalidades recebem influxos das verticalidades) são dominantes. Tais forças centrípetas garantem sua sobrevivência pelo fato de que o âmbito de realização dos atores é limitado, confundindo-se todos num espaço geográfico restrito, que é, ao mesmo tempo, a base de sua atuação.

As horizontalidades, pois, além das racionalidades típicas das verticalidades que as atravessam, admitem a presença de outras racionalidades (chamadas de irracionalidades pelos que desejariam ver como única a racionalidade hegemônica). Na verdade, são contrarracionalidades, isto é, formas de convivência e de regulação criadas a partir do próprio território e que se mantêm nesse território a despeito da vontade de unificação e homogeneização, características da racionalidade hegemônica típica das verticalidades. A presença dessas verticalidades produz tendências à fragmentação, com a constituição de alvéolos representativos de formas específicas de ser horizontal a partir das respectivas particularidades.

A busca de um sentido

Ao contrário das verticalidades, regidas por um relógio único, implacável, nas horizontalidades assim particularizadas funcionam, ao mesmo tempo, vários relógios, realizando-se, paralelamente, diversas temporalidades.

Trata-se de um espaço à vocação solidária, sustento de uma organização em segundo nível, enquanto sobre ele se exerce uma vontade permanente de desorganização, a serviço dos atores hegemônicos. Esse processo dialético impede que o poder, sempre crescente e cada vez mais invasor, dos atores hegemônicos, fundados nos espaços de fluxos, seja capaz de eliminar o espaço banal, que é permanentemente reconstituído segundo uma nova definição.

Pode-se dizer que, ao contrário da ordem imposta, nos espaços de fluxos, pelos atores hegemônicos e da obediência alienada dos atores subalternizados, hegemonizados, nos espaços banais se recria a ideia e o fato da Política, cujo exercício se torna indispensável, para providenciar os ajustamentos necessários ao funcionamento do conjunto, dentro de uma área específica. Por meio de encontros e desencontros e do exercício do debate e dos acordos, busca-se explícita ou tacitamente a readaptação às novas formas de existência.

O processo anteriormente descrito é também aquele pelo qual uma sociedade e um território estão sempre à busca de um sentido e exercem, por isso, uma vida reflexiva. Neste caso, o território não é apenas o lugar de uma ação pragmática e seu exercício comporta, também, um aporte da vida, uma parcela de emoção, que permite aos valores representar um papel. O território se metamorfoseia em algo mais do que um simples recurso e, para utilizar uma expressão, que é também de Jean Gottmann, constitui um abrigo.

Na realidade, a mesma fração do território pode ser recurso e abrigo, pode condicionar as ações mais pragmáticas e, ao mesmo tempo, permitir vocações generosas. Os dois movimentos são concomitantes. Nas condições atuais, o movimento determinante, com tendência a uma difusão avassaladora, é o da criação da ordem da racionalidade pragmática, enquanto a produção do espaço banal é residual. Pode-se, todavia, imaginar outro cenário, no qual o comportamento do espaço de fluxos seja subordinado não como agora à realização do dinheiro e encontre um freio a essa forma de manifestação, tornando-se subordinado à realização plena da vida, de modo que os espaços banais aumentem sua capacidade de servir à plenitude do homem.

6.

A esquizofrenia do espaço

Como sabemos, o mundo, como um conjunto de essências e de possibilidades, não existe para ele próprio, e apenas o faz para os outros. É o espaço, isto é, os lugares, que realizam e revelam o mundo, tornando-o historicizado e geografizado, isto é, empiricizado.

Os lugares são, pois, o mundo, que eles reproduzem de modos específicos, individuais, diversos. Eles são singulares, mas são também globais, manifestações da totalidade-mundo, da qual são formas particulares.

Ser cidadão num lugar

Nas condições atuais, o cidadão do lugar pretende instalar-se também como cidadão do mundo. A verdade, porém, é que o "mundo" não tem como regular os lugares. Em consequência, a expressão cidadão do mundo torna-se um voto, uma promessa, uma possibilidade distante. Como os atores globais eficazes são, em última análise, anti-homem e anticidadão, a possibilidade de existência de um cidadão do mundo é condicionada pelas realidades nacionais. Na verdade, o cidadão só o é (ou não o é) como cidadão de um país.

Ser "cidadão de um país", sobretudo quando o território é extenso e a sociedade muito desigual, pode constituir, apenas, uma perspectiva de cidadania integral, a ser alcançada nas escalas subnacionais, a começar pelo nível local. Esse é o caso brasileiro, em que a realização da cidadania reclama, nas condições atuais, uma revalorização dos lugares e uma adequação de seu estatuto político.

A multiplicidade de situações regionais e municipais, trazida com a globalização, instala uma enorme variedade de quadros de vida, cuja realidade preside o cotidiano das pessoas e deve ser a base para uma vida civilizada em comum. Assim, a possibilidade de cidadania plena das pessoas depende de soluções a serem buscadas localmente, desde que, dentro da nação, seja instituída uma federação de lugares, uma nova estruturação político-territorial, com a indispensável redistribuição de recursos, prerrogativas e obrigações. A partir do país como federação de lugares será possível, num segundo momento, construir um mundo como federação de países.

Trata-se, em ambas as etapas, de uma construção de baixo para cima cujo ponto central é a existência de individualidades fortes e das garantias jurídicas correspondentes. A base geográfica dessa construção será o lugar, considerado como espaço de exercício da existência plena. Estamos, porém, muito longe da realização desse ideal. Como, então, poderemos alcançá-lo?

O cotidiano e o território

O território tanto quanto o lugar são esquizofrênicos, porque de um lado acolhem os vetores da globalização, que neles se instalam para impor sua nova ordem, e, de outro lado, neles se produz uma contraordem, porque há uma produção acelerada de pobres, excluídos, marginalizados. Crescentemente reunidas em cidades cada vez mais numerosas e maiores, e experimentando a situação de vizinhança (que, segundo Sartre, é reveladora), essas pessoas não se subordinam de forma permanente à racionalidade hegemônica e, por isso, com frequência podem se entregar a manifestações que são a contraface do pragmatismo. Assim, junto à busca da sobrevivência, vemos produzir-se, na base da sociedade, um pragmatismo mesclado com a emoção, a partir dos lugares e das pessoas juntos. Esse é, também, um modo de insurreição em relação à globalização, com a descoberta de que, a despeito de sermos o que somos, podemos também desejar ser outra coisa.

Nisso, o papel do lugar é determinante. Ele não é apenas um quadro de vida, mas um espaço vivido, isto é, de experiência sempre renovada, o que permite, ao mesmo tempo, a reavaliação das heranças e a indagação sobre o presente e o futuro. A existência *naquele* espaço exerce um papel revelador sobre o mundo.

Globais, os lugares ganham um quinhão (maior ou menor) da "racionalidade" do "mundo". Mas esta se propaga de modo heterogêneo, isto é, deixando coexistirem outras racionalidades, isto é, contrarracionalidades, a que, equivocadamente e do ponto de vista da racionalidade dominante, se chamam "irracionalidades". Mas a conformidade com a Razão Hegemônica é limitada, enquanto a produção plural de "irracionalidades" é ilimitada. É somente a partir de tais irracionalidades que é possível a ampliação da consciência.

Se este é um dado geral, ele se dá com variações segundo as coletividades e os subespaços. Vejam-se, por exemplo, as diferenças, hoje, entre campo e cidade. No campo, as racionalidades da globalização se difundem mais extensivamente e mais rapidamente. Na cidade, as irracionalidades se criam mais numerosa e incessantemente que as racionalidades, sobretudo quando há, paralelamente, produção de pobreza.

É este o fundamento da esquizofrenia do lugar. Tal esquizofrenia se resolve a partir do fato de que cada pessoa, grupo, firma, instituição realiza o mundo à sua maneira. A pessoa, o grupo, a firma, a instituição constituem *o de dentro do lugar*, com o qual se comunicam sobretudo pela mediação da técnica e da produção propriamente dita, enquanto o mundo se dá para a pessoa, grupo, firma, instituição como *o de fora do lugar* e por intermédio de uma mediação política. A mediação técnica e a produção correspondente, local e diretamente experimentadas, podem não ser inteiramente compreendidas, mas são vividas como um dado imediato, enquanto a mediação política, frequentemente exercida de longe e cujos objetivos nem sempre são evidentes, exige uma interpretação mais filosófica.

Uma filosofia banal começa por se instalar no espírito das pessoas com a descoberta, autorizada pelo cotidiano, da não autonomia das ações e dos seus resultados. Este é um dado comum a todas as pessoas, não importa a diferença de suas situações. Mas outra coisa é ultrapassar a descoberta da diferença e chegar à sua consciência.

Uma pedagogia da existência

Isso, todavia, não é tudo. A consciência da diferença pode conduzir simplesmente à defesa individualista do próprio interesse, sem alcançar a defesa de um sistema alternativo de ideias e de vida. De um ponto de vista das ideias, a questão central reside no encontro do caminho que vai do imediatismo às visões finalísticas; e de um ponto de vista da ação, o problema é ultrapassar as soluções imediatistas (por exemplo, eleitoralismos interesseiros e apenas provisoriamente eficazes) e alcançar a busca política genuína e constitucional de remédios estruturais e duradouros.

Nesse processo, afirma-se, também, segundo novos moldes, a antiga oposição entre o mundo e o lugar. A informação mundializada permite a visão, mesmo em *flashes*, de ocorrências distantes. O conhecimento de outros lugares, mesmo superficial e incompleto, aguça a curiosidade. Ele é certamente um subproduto de uma informação geral enviesada, mas, se for ajudado por um conhecimento sistêmico do acontecer global, autoriza a visão da história como uma situação e um processo, ambos críticos. Depois, o problema crucial é: como passar de uma situação crítica a uma visão crítica — e, em seguida, alcançar uma tomada de consciência. Para isso, é fundamental viver a própria existência como algo unitário e verdadeiro, mas também como um paradoxo: obedecer para subsistir e resistir para poder pensar o futuro. Então a existência é produtora de sua própria pedagogia.

V

LIMITES À GLOBALIZAÇÃO PERVERSA

Introdução

A análise do fenômeno da globalização ficaria incompleta se, após reconhecer os fatores que possibilitaram sua emergência, apenas nos detivéssemos na apreciação dos seus aspectos atualmente dominantes, de que resultam tantos inconvenientes para a maior parte da humanidade.

Cabe, agora, verificar os limites dessa evolução e reconhecer a emergência de certo número de sinais indicativos de que outros processos paralelamente se levantam, autorizando pensar que vivemos uma verdadeira fase de transição para um novo período.

Em primeiro lugar, o denso sistema ideológico que envolve e sustenta as ações determinantes parece não resistir à evidência dos fatos. A velocidade não é um bem que permita uma distribuição generalizada, e as disparidades no seu uso garantem a exacerbação das desigualdades. A vida cotidiana também revela a impossibilidade de fruição das vantagens do chamado tempo real para a maioria da humanidade. A promessa de que as técnicas contemporâneas pudessem melhorar a existência de todos cai por terra e o que se observa é a expansão acelerada do reino da escassez, atingindo as classes médias e criando mais pobres.

As populações envolvidas no processo de exclusão assim fortalecido acabam por relacionar suas carências e vicissitudes ao conjunto de novidades que as atingem. Uma tomada de consciência torna-se possível ali mesmo onde o fenômeno da escassez é mais sensível. Por isso, a compreensão do que se está passando chega com clareza crescente aos pobres e aos países pobres, cada vez mais numerosos e carentes. Daí o repúdio às ideias e às práticas políticas que fundamentam o processo socioeconômico atual e a demanda, cada vez mais pressurosa, de novas soluções. Estas não mais seriam centradas no dinheiro, como na atual fase da globalização, para encontrar no próprio homem a base e o motor da construção de um novo mundo.

1.
A variável ascendente

Os fenômenos a que muitos chamam de globalização e outros de pós-modernidade (Renato Ortiz, *Mundialização e cultura*, 1994) na verdade constituem, juntos, um momento bem demarcado do processo histórico. Preferimos considerá-lo um período. Como em qualquer outro período histórico, funcionam de forma concertada diversas variáveis cuja visão sistêmica é indispensável para entender o que se está realizando. Também como em todo período, a partir de certo momento há variáveis que perdem vigor, verdadeiras variáveis descendentes, e outras que passam a se impor. São as variáveis ascendentes que revelam a produção de um novo período, isto é, apontam para o futuro.

O momento atual da história do mundo parece indicar a emergência de numerosas variáveis ascendentes cuja existência é sistêmica. Isso, exatamente, permite pensar que se estão produzindo as condições de realização de uma nova história.

Por enquanto, renunciamos, aqui, a fornecer uma lista exaustiva dos fenômenos, mas não a apontar alguns fatos que nos parecem bem característicos das mudanças em curso. Um deles é o crescente desencanto com as técnicas, acompanhado por uma gradativa recuperação do bom senso, em oposição ao senso comum, isto é, em oposição à pretensa racionalidade sugerida tanto pelas técnicas em si mesmas como pela política do seu uso. Outro dado significativo se levanta com a impossibilidade relativamente crescente de acesso a essas técnicas, em virtude do aumento da pobreza em todos os continentes. Junte-se a esse dado o fato de que, apesar da capacidade invasora das técnicas hegemônicas, sobrevivem e criam-se novas técnicas não hegemônicas. Pode-se arriscar um vaticínio e reconhecer, no conjunto do processo, o anúncio de um novo período histórico, substituto do atual período. Estaríamos na aurora de uma nova era, em que a população, isto é, as pessoas constituiriam sua principal preocupação, um verdadeiro período popular da história, já entremostrado pelas fragmentações e particularizações sensíveis em toda parte devidas à cultura e ao território.

2.

Os limites da racionalidade dominante

O Projeto Racional começa a mostrar suas limitações talvez porque estejamos atingindo aquele paroxismo previsto por Weber (*Economía y sociedad*, 1922) para realizar-se quando o processo de expansão da racionalidade capitalista se tornasse ilimitado. Tudo indica que estamos atingindo essa fronteira, agora que, nos diversos níveis da vida econômica, social, individual, vivemos uma racionalidade totalitária que vem acompanhada de uma perda da razão. O deboche de carências e de escassez que atinge uma parcela cada vez maior da sociedade humana permite reconhecer a realidade dessa perdição.

Uma boa parcela da humanidade, por desinteresse ou incapacidade, não é mais capaz de obedecer a leis, normas, regras, mandamentos, costumes derivados dessa racionalidade hegemônica. Daí a proliferação de "ilegais", "irregulares", "informais".

Essa incapacidade mistura, no processo de vida, práticas e teorias herdadas e inovadas, religiões tradicionais e novas convicções. É nesse caldo de cultura que numerosas frações da sociedade passam da situação anterior de conformidade associada ao conformismo a uma etapa superior da produção da consciência, isto é, a conformidade sem o conformismo. Produz-se dessa maneira a redescoberta pelos homens da verdadeira razão e não é espantoso que tal descobrimento se dê exatamente nos espaços sociais, econômicos e geográficos também "não conformes" à racionalidade dominante.

Na esfera da racionalidade hegemônica, pequena margem é deixada para a variedade, a criatividade, a espontaneidade. Enquanto isso, surgem, nas outras esferas, contrarracionalidades e racionalidades paralelas corriqueiramente chamadas de irracionalidades, mas que na realidade constituem outras formas de racionalidade. Estas são produzidas e mantidas pelos que estão "embaixo", sobretudo os pobres, que desse modo conseguem escapar ao totalitarismo da racionalidade dominante. Recordemos o ensinamento de Sartre, para quem a escassez é que torna a história possível, graças à "unidade negativa da multiplicidade concreta dos homens".

Tal situação é objetivamente esperançosa porque agora assistimos ao fim das expectativas nutridas no após-guerra e, ao contrário, testemunhamos a ampliação do número de pobres, assim como o estreitamento das possibilidades e das certezas que as classes médias acalentavam até a década de 1980. Outro dado objetivo é o fato de que a realização cada vez mais densa do processo de globalização enseja o caldeamento, ainda que elementar, das filosofias produzidas nos diversos continentes, em detrimento do racionalismo europeu, que é o bisavô das ideias de racionalismo tecnocrático hoje dominantes.

3.

O imaginário da velocidade

Na família dos imaginários da globalização e das técnicas, encontra-se a ideia, difundida com exuberância, de que a velocidade constitui um dado irreversível na produção da história, sobretudo ao alcançar os paroxismos dos tempos atuais. Na verdade, porém, somente algumas pessoas, firmas e instituições são altamente velozes, e são ainda em menor número as que utilizam todas as virtualidades técnicas das máquinas. Na verdade, o resto da humanidade produz, circula e vive de outra maneira. Graças à impostura ideológica, o fato da minoria acaba sendo representativo da totalidade, graças exatamente à força do imaginário.

Essa transformação de uma fluidez potencial numa fluidez efetiva, por meio da velocidade exacerbada, todavia não tem nem busca um sentido. Sem dúvida, ela serve ao exercício de uma competitividade desabrida, mas esta é uma coisa que ninguém sabe para o que realmente serve.

Velocidade: técnica e poder

Pode-se dizer que a velocidade assim utilizada é duplamente um dado da política e não da técnica. De um lado, trata-se de uma escolha relacionada com o poder dos agentes e, de outro, da legitimação dessa escolha, por meio da justificação de um modelo de civilização. É nesse sentido que estamos afirmando tratar-se mais de um dado da política que, propriamente, da técnica, já que esta poderia ser usada diferentemente em função do conjunto de escolhas sociais. De fato, o uso extremo da velocidade acaba por ser o imperativo das empresas hegemônicas e não das demais, para as quais o sentido de urgência não é uma constante. Mas é a partir desse e de outros comportamentos que a política das empresas arrasta a política dos Estados e das instituições supranacionais.

No passado, a ordem mundial se construía mediante uma combinação política que conduzia à não obediência aos ditames da técnica mais moderna. Pensemos, por exemplo, no século do imperialismo, nos cem anos que vão do quarto quartel do século XIX ao terceiro do século XX. Os impérios, em sua qualidade de grandes conjuntos políticos e territoriais, viviam e evoluíam segundo idades técnicas diversas, utilizando, cada qual, dentro dos seus domínios, conjuntos de avanços técnicos disparatados e que mostravam níveis diferentes. O império britânico estava à frente dos demais quanto à posse de recursos técnicos avançados. Mas isso não impedia sua convivência com outros impérios. Dentro de cada um, o uso do conjunto dos recursos técnicos era comandado por um conjunto de normas relacionadas ao comércio, à produção e ao consumo, o que permitia a cada bloco uma evolução própria, não perturbada pela existência em outros impérios de avanços técnicos mais significativos. No fundo, a política comercial aplicada dentro de cada império assegurava a política do conjunto do mundo ocidental (M. Santos, *A natureza do espaço*, 1996, p. 36-37 e p. 152-153). O exemplo mostra não ser certo que haja um imperativo técnico. O imperativo é político. Desse modo, não há uma inelutabilidade em face dos sistemas técnicos, nem muito menos um determinismo. Aliás, a técnica somente é um absoluto enquanto irrealizada. Assim, existindo apenas na vitrine, mas historicamente inexistente, equivaleria a uma abstração. Quando nos referimos à historicização e à geografização das técnicas, estamos cuidando de entender o seu uso pelo homem, sua qualidade de intermediário da ação, isto é, sua relativização.

No período da globalização, o mercado externo, com suas exigências de competitividade, obriga a aumentar a velocidade. Mas a população em seus diferentes níveis, os pobres e os que vivem longe dos grandes mercados obrigam a combinações de formas e níveis de capitalismo. É o mercado interno que freia a vontade de velocidade de que já falava M. Sorre (*Annales de géographie*, 1948), porque todos os atores dele participam. Todavia, os dois mercados são intercorrentes, interdependentes. Invadindo a economia e o território com grande velocidade, o circuito superior busca destruir as formas preexistentes. Mas o território resiste, sobretudo na grande cidade, graças, entre outras coisas, à menor fricção da distância. As pequenas e médias empresas locais têm mais acesso potencial que, por exemplo, uma grande empresa de Manaus, pois podem alcançar uma parte significativa da cidade (por exemplo, os supermercados menores). Contribuirá também para esse maior acesso potencial o fato de estarem num meio que é um tecido e um emaranhado de normas concernentes, o que torna essas empresas menos dependentes de uma única norma para subsistir. Mas, com a globalização e seu imaginário comum ao da técnica hegemônica, uma e outra são dadas como indispensáveis à participação plena no processo histórico.

Do relógio despótico às temporalidades divergentes

É fato, também, que, com a interdependência globalizada dos lugares e a planetarização dos sistemas técnicos dominantes, estes parecem se impor como invasores, servindo como parâmetro na avaliação da eficácia de outros lugares e de outros sistemas técnicos. É nesse sentido que o sistema técnico hegemônico aparece como algo absolutamente indispensável e a velocidade resultante como um dado desejável a todos que pretendem participar, de pleno direito, da modernidade atual. Todavia, a velocidade atual e tudo que vem com ela, e que dela decorre, não é inelutável nem imprescindível. Na verdade, ela não beneficia nem interessa à maioria da humanidade. Para que, de fato, serve esse relógio despótico do mundo atual? As crises atuais são, em última análise, uma resultante da aceleração contemporânea, mediante o uso privilegiado, por alguns atores econômicos, das possibilidades atuais de fluidez. Como tal exercício não responde a um objetivo moral e, desse modo, é desprovido de sentido, o resultado é a instalação de situações em que o movimento encontra justificativa em si mesmo — como é o caso do mercado de capitais especulativos —, tal autonomia sendo uma das razões da desordem característica do período atual.

Quando aceitamos pensar a técnica em conjunto com a política e admitimos atribuir-lhe outro uso, ficamos convencidos de que é possível acreditar em uma outra globalização e em um outro mundo. O problema central é o de retomar o curso da história, isto é, recolocar o homem no seu lugar central.

Tal preocupação de mudança inclui uma revisão do significado das palavras-chave do nosso período, todas contaminadas pelo respectivo sistema ideológico. Fiquemos com a questão da *velocidade*, que pode ser vista como um paradigma da época, mas também como o que ela representa de emblemático. Na verdade, seja qual for o corpo social, a velocidade hegemônica constitui uma das suas características, mas a definição da realidade somente pode ser obtida considerando-se as diversas velocidades em presença. E, seja como for, a eficácia da velocidade não provém da técnica subjacente. A eficácia da velocidade hegemônica é de natureza política e depende do sistema socioeconômico político em ação. Pode-se dizer que, em uma dada situação, tal velocidade hegemônica é uma velocidade imposta ideologicamente.

Como em tudo o mais, a interpretação da história não pode ser deixada ao entendimento imediato do fenômeno técnico, exigindo entender como, nessa mesma situação, se relacionam a técnica e a política, atribuindo a esta o papel central no entendimento das ações que conformam o presente atual e que podem tornar possível um outro futuro.

4.
Just-in-time versus o cotidiano

O tema das verticalidades e das horizontalidades pode comportar numerosas reinterpretações. Uma delas, refletindo o jogo contraditório entre essas categorias, é a verdadeira oposição existente entre a natureza das atividades *just-in-time*, que trabalham com um relógio universal movido pela mais-valia universal, e a realidade das atividades que, juntas, constituem a vida cotidiana.

No primeiro caso trata-se da vocação para uma racionalidade única, reitora de todas as outras, desejosa de homogeneização e de unificação, pretendendo sempre tomar o lugar das demais, uma racionalidade única, mas racionalidade sem razão, que transforma a existência daqueles a quem subordina numa perspectiva de alienação. Já no cotidiano, a razão, isto é, a razão de viver, é buscada por meio do que, em face dessa racionalidade hegemônica, é considerado como "irracionalidade", quando na realidade o que se dá são outras formas de ser racional.

O mundo do tempo real, do *just-in-time*, é aquele subsistema da realidade total que busca sua lógica nessa mencionada racionalidade única, cuja criação é, todavia, limitada, atributo de um pequeno número de agentes. O mundo do cotidiano é também o da produção ilimitada de outras racionalidades, que são, aliás, tão diversas quanto as áreas consideradas, já que abrigam todas as modalidades de existência.

O funcionamento dos espaços hegemônicos supõe uma demanda desesperada de regras; quando as circunstâncias mudam e, por isso, as normas reguladoras têm de mudar, nem por isso sua demanda deixa de ser desesperada. Tal regulação obedece à consideração de interesses privatísticos. Já o cotidiano supõe uma demanda desesperada de Política, resultado da consideração conjunta de múltiplos interesses.

No caso das atividades *just-in-time*, uma só temporalidade é considerada: é a fórmula de sobrevivência no mundo da competitividade à escala planetária. Como dado motor, uma só existência, a dos agentes hegemônicos, é, ao mesmo tempo, origem e finalidade das ações. A vida cotidiana abrange várias temporalidades simultaneamente presentes, o que permite considerar, paralela e solidariamente, a existência de cada um e de todos, como, ao mesmo tempo, sua origem e finalidade.

O conjunto das condições acima enunciadas permite dizer que o mundo do tempo real busca uma homogeneização empobrecedora e limitada, enquanto o universo do cotidiano é o mundo da heterogeneidade criadora.

5.

Um emaranhado de técnicas: o reino do artifício e da escassez

Sabemos já que as técnicas presentes em uma dada situação não são homogêneas. Enquanto as técnicas hegemônicas se dão em redes, além delas outras técnicas se impõem. Mas, em uma dada situação, todas as técnicas presentes acabam por ser inextricáveis. Tal solidariedade não é, propriamente, entre as técnicas, mas o fruto da vida solidária da sociedade.

Do artifício à escassez

Hoje, tanto os objetos quanto as ações derivam da técnica. As técnicas estão, pois, em toda parte: na produção, na circulação, no território, na política, na cultura. Elas estão também — e permanentemente — no corpo e no espírito do homem. Vivemos todos num emaranhado de técnicas, o que em outras palavras significa que estamos todos mergulhados no reino do artifício. Na medida em que as técnicas hegemônicas, fundadas na ciência e obedientes aos imperativos do mercado, são hoje extremamente dotadas de intencionalidade, há igualmente tendência à hegemonia de uma produção "racional" de coisas e de necessidades; e desse modo uma produção excludente de outras produções, com a multiplicação de objetos técnicos estritamente programados que abrem espaço para essa orgia de coisas e necessidades que impõem relações e nos governam. Cria-se um verdadeiro totalitarismo tendencial da racionalidade — isto é, dessa racionalidade hegemônica, dominante —, produzindo-se a partir do respectivo sistema certas coisas, serviços, relações e ideias. Esta, aliás, é a base primeira da produção de carências e de escassez, já que uma parcela considerável da sociedade não pode ter acesso às coisas, serviços, relações, ideias que se multiplicam na base da racionalidade hegemônica.

A situação contemporânea revela, entre outras coisas, três tendências: 1. uma produção acelerada e artificial de necessidades; 2. uma incorporação limitada de modos de vida ditos racionais; 3. uma produção ilimitada de carência e escassez.

Nessa situação, as técnicas, a velocidade, a potência criam desigualdades e, paralelamente, necessidades, porque não há satisfação para todos. Não é que a produção necessária seja globalmente impossível. Mas o que é produzido — necessária ou desnecessariamente — é desigualmente distribuído. Daí a sensação e, depois, a consciência da escassez: aquilo que falta a mim, mas que o outro mais bem situado na sociedade possui. A ideia vem de Sartre, quando registra que "não há bastante para todo o mundo". Por isso o outro consome e não eu. O homem, cada homem, é afinal definido pela soma dos possíveis que lhe cabem, mas também pela soma dos seus impossíveis.

O reino da necessidade existe para todos, mas segundo formas diferentes, as quais simplificamos mediante duas situações-tipo: para os "possuidores", para os "não possuidores".

Quanto aos "possuidores", torna-se viável, mediante possibilidades reais ou artifícios renovados, a fuga à escassez e a superação ainda que provisória da escassez. Como o processo de criação de necessidades é infinito, impõe-se uma readaptação permanente. Cria-se um círculo vicioso com a rotina da falta e da satisfação. Na realidade, para essa parcela da sociedade a falta já é criada como a expectativa e a perspectiva de satisfação. As negociações para regressar ao *status* de consumidor satisfeito conduzem à repetição de experiências exitosas. Desse modo, a parcela de consumidores contumazes obtém uma convivência relativamente pacífica com a escassez. Mas a busca permanente de bens finitos e por isso condenados ao esgotamento (e à substituição por outros bens finitos) condena os aparentemente vitoriosos à aceitação da contrafinalidade contida nas coisas e em consequência ao enfraquecimento da individualidade.

Quanto aos "não possuidores" sua convivência com a escassez é conflituosa e até pode ser guerreira. Para eles, viver na esfera do consumo é como querer subir uma escada rolante no sentido da descida. Cada dia acaba oferecendo uma nova experiência da escassez. Por isso não há lugar para o repouso e a própria vida acaba por ser um verdadeiro campo de batalha. Na briga cotidiana pela sobrevivência, não há negociação possível para eles, e, individualmente, não há força de negociação. A sobrevivência só é assegurada porque as experiências imperativamente se renovam. E como a surpresa se dá como rotina, a riqueza dos "não possuidores" é a prontidão dos sentidos. É com essa força que eles se eximem da contrafinalidade e ao lado da busca de bens materiais finitos cultivam a procura de bens infinitos como a solidariedade e a liberdade: estes, quanto mais se distribuem, mais aumentam.

Da escassez ao entendimento

A experiência da escassez é a ponte entre o cotidiano vivido e o mundo. Por isso, constitui um instrumento primordial na percepção da situação de cada um e uma possibilidade de conhecimento e de tomada de consciência.

O nosso tempo consagra a multiplicação das fontes de escassez, seja pelo número avassalador dos objetos presentes no mercado, seja pelo chamado incessante ao consumo. Cada dia, nessa época de globalização, apresenta-se um objeto novo, que nos é mostrado para provocar o apetite. A noção de escassez se materializa, se aguça e se reaprende cotidianamente, assim como, já agora, a certeza de que cada dia é dia de uma nova escassez. A sociedade atual vai dessa maneira, mediante o mercado e a publicidade, criando desejos insatisfeitos, mas também reclamando explicações. Dir-se-ia que tal movimento se repete, enriquecendo o movimento intelectual.

A escassez de um pode se parecer à escassez do outro e a escassez de hoje à escassez de ontem, mas quando não é satisfeita ela acaba por se impor como diferente da de ontem e da do outro. Alteridade e individualidade se reforçam com a renovação da novidade. Quanto mais diferentes são os que convivem num espaço limitado, mais ideias do mundo aí estarão para ser levantadas, cotejadas e, desse modo, tanto mais rico será o debate silencioso ou ruidoso que entre as pessoas se estabelece. Nesse sentido, pode-se dizer que a cidade é um lugar privilegiado para essa revelação e que, nessa fase da globalização, a aceleração contemporânea é também aceleração na produção da escassez e na descoberta da sua realidade, já que, multiplicando e apressando os contatos, exibe a multiplicidade de formas de escassez contemporânea, as quais vão mudando mais rapidamente para se tornarem mais numerosas e mais diversas. Para os pobres, a escassez é um dado permanente da existência, mas como sua presença na vida de todos os dias é o resultado de uma metamorfose também permanente, o trabalho acaba por ser, para eles, o lugar de uma descoberta cotidiana e de um combate cotidiano, mas também uma ponte entre a necessidade e o entendimento (M. Santos, *Jornal do Brasil*, 6.4.1997).

6.

Papel dos pobres na produção do presente e do futuro

O exame do papel atual dos pobres na produção do presente e do futuro exige, em primeiro lugar, distinguir entre pobreza e miséria. A miséria acaba por ser a privação total, com o aniquilamento, ou quase, da pessoa. A pobreza é uma situação de carência, mas também de luta, um estado vivo, de vida ativa, em que a tomada de consciência é possível.

Miseráveis são os que se confessam derrotados. Mas os pobres não se entregam. Eles descobrem cada dia formas inéditas de trabalho e de luta. Assim, eles enfrentam e buscam remédio para suas dificuldades. Nessa condição de alerta permanente, não têm repouso intelectual. A memória seria sua inimiga. A herança do passado é temperada pelo sentimento de urgência, essa consciência do novo que é, também, um motor do conhecimento.

A socialidade urbana pode escapar aos seus intérpretes, nas faculdades; ou aos seus vigias, nas delegacias de polícia. Mas não aos atores ativos do drama, sobretudo quando, para prosseguir vivendo, são obrigados a lutar todos os dias. Haverá quem descreva o quadro material dessa batalha como se fosse um teatro, quando, por exemplo, se fala em estratégia de sobrevivência, mas na realidade esse palco, com seus atores, constitui a própria vida concreta da maioria das populações. A cidade, pronta a enfrentar seu tempo a partir do seu espaço, cria e recria uma cultura com a cara do seu tempo e do seu espaço e de acordo ou em oposição aos "donos do tempo", que são também os donos do espaço.

É dessa forma que, na convivência com a necessidade e com o outro, se elabora uma política, a política dos *de baixo*, constituída a partir das suas visões do mundo e dos lugares. Trata-se de uma política de novo tipo, que nada tem a ver com a política institucional. Esta última se funda na ideologia do crescimento, da globalização etc. e é conduzida pelo cálculo dos partidos e das empresas. A política dos pobres é baseada no cotidiano vivido por todos, pobres e não pobres, e é alimentada pela simples necessidade de continuar existindo. Nos lugares, uma e outra se encontram e confundem, daí a presença simultânea de comportamentos contraditórios, alimentados pela ideologia do consumo. Este, a serviço das forças socioeconômicas hegemônicas, também se entranha na vida dos pobres, suscitando neles expectativas e desejos que não podem contentar.

Num mundo tão complexo, pode escapar aos pobres o entendimento sistêmico do sistema do mundo. Este lhes aparece nebuloso, constituído de causas próximas e remotas, de motivações concretas e abstratas, pela confusão entre os discursos e as situações, entre a explicação das coisas e a sua propaganda.

Mas há também a desilusão das demandas não satisfeitas, o exemplo do vizinho que prospera, o cotidiano contraditório. Talvez por aí chegue o despertar. Num primeiro momento, este é, apenas, o encontro de uns poucos fragmentos, de algumas peças do *puzzle*, mas também a dificuldade para entrar no labirinto: falta-lhes o próprio sistema do mundo, do país e do lugar. Mas a semente do entendimento já está plantada e o passo seguinte é o seu florescimento em atitudes de inconformidade e, talvez, rebeldia.

Sem dúvida, os brotes individuais de insatisfação podem não formar uma corrente. Mas os movimentos de massa nem sempre resultam de discursos claros e bem articulados, nem sempre se dão por meio de organizações consequentes e estruturadas. O entendimento sistemático das situações e a correspondente sistematicidade das manifestações de inconformidade constituem, via de regra, um processo lento. Mas isso não impede que, no âmago da sociedade, já se estejam, aqui e ali, levantando vulcões, mesmo que ainda pareçam silenciosos e dormentes.

Na realidade, uma coisa são as organizações e os movimentos estruturados e outra coisa é o próprio cotidiano como um tecido flexível de relações, adaptável às novas circunstâncias, sempre em movimento. A organização é importante, como o instrumento de agregação e multiplicação de forças afins, mas separadas. Ela também pode constituir o meio de negociação necessário a vencer etapas e encontrar um novo patamar de resistência e de luta. Mas a obtenção de resultados, por mais compensadores que pareçam, não deve estimular a cristalização do movimento, nem encorajar a repetição de estratégias e táticas. Os movimentos organizados devem imitar o cotidiano das pessoas, cuja flexibilidade e adaptabilidade lhe asseguram um autêntico pragmatismo existencial e constituem a sua riqueza e fonte principal de veracidade.

7.

A metamorfose das classes médias

Cada época cria novos atores e atribui papéis novos aos já existentes. Este é também o caso das classes médias brasileiras, desafiadas agora para o desempenho de uma importante tarefa histórica, na reconstituição do quadro político nacional.

A idade de ouro

O chamado milagre econômico brasileiro permite a difusão, à escala do país, do fato da classe média. Na realidade, entre as muitas "explosões" características do período, está esse crescimento contínuo das classes médias, primeiro nas grandes cidades e depois nas cidades menores e no campo modernizado. Essa explosão das classes médias acompanha, neste meio século, a explosão demográfica, a explosão urbana e a explosão do consumo e do crédito. Tal conjunto de fenômenos tem relação estrutural com o aumento da produção industrial e agrícola, como também do comércio, dos transportes, das trocas de todos os tipos, das obras públicas, da administração e da necessidade de informação. Há, paralelamente, uma expansão e diversificação do emprego, com a difusão dos novos terciários e a consolidação, em muitas áreas do país, de uma pequena burguesia operária. Como a modernização capitalista tende ao esvaziamento do campo e é sempre seletiva, uma parcela importante dos que se dirigiram às cidades não pôde participar do circuito superior da economia, deixando de incluir-se entre os assalariados formais e só encontrando trabalho no circuito inferior da economia, impropriamente chamado de setor "informal".

Vale realçar que no Brasil do milagre, e até durante boa parte da década de 1980, a classe média se expande e se desenvolve sem que houvesse verdadeira competição dentro dela quanto ao uso dos recursos que o mercado ou o Estado lhe ofereciam para a melhoria do seu poder aquisitivo e do seu bem-estar material. Todos iam subindo juntos, embora para andares diferentes. Mas todos das classes médias estavam cônscios de sua ascensão social e esperançosos de conseguir ainda mais. Daí sua relativa coesão e o sentimento de se haver tornado um poderoso estamento. A competição foi, na realidade, com os pobres, cujo acesso aos bens e serviços se torna cada vez mais difícil, à medida que estes se multiplicam. Vale a pena lembrar as facilidades para a aquisição da casa própria, mediante programas governamentais com que foram privilegiados, enquanto os brasileiros mais pobres apenas foram incompletamente atendidos nos últimos anos do regime autoritário. A classe média é a grande beneficiária do crescimento econômico, do modelo político e dos projetos urbanísticos adotados.

Tal classe média, ao mesmo tempo que se diversifica profissionalmente, aumenta seu poder aquisitivo e melhora qualitativamente, por meio das oportunidades de educação que lhe são abertas, tudo isso levando à ampliação do seu bem-estar (o que hoje se chama de qualidade de vida), conduzindo-a a acreditar que a preservação das suas vantagens e perspectivas estivesse assegurada. Conforme mostraram Amélia Rosa S. Barreto e Ana Clara T. Ribeiro ("A dúvida da dívida e a classe média", *Lastro*, IPPUR, ano 3, nº 6, abril de 1999) "o acesso ao crédito transforma-se em instrumento para alcançar a estabilidade social". Tudo o que alimenta a classe média dá-lhe, também, um sentimento de inclusão no sistema político e econômico, e um sentimento de segurança, estimulado pelas constantes medidas do poder público em seu favor. Tratava-se, na realidade, de uma moeda de troca, já que a classe média constituía uma base de apoio às ações do governo.

Forma-se, dessa maneira, uma classe média sequiosa de bens materiais, a começar pela propriedade, e mais apegada ao consumo que à cidadania, sócia despreocupada do crescimento e do poder, com os quais se confundia. Daí a tolerância, senão a cumplicidade, com o regime autoritário. O modelo econômico importava mais que o modelo cívico. Eram essas, aliás, condições objetivas necessárias a um crescimento econômico sem democracia. Quando o regime militar esgota o seu ciclo, a democracia se instala incompletamente na década de 1980, guardando todos esses vícios de origem e sustentando um regime representativo falsificado pela ausência de partidos políticos consequentes. Seguindo essa lógica, as próprias esquerdas são levadas a dar mais espaço às preocupações eleitorais e menos à pedagogia propriamente política. A gênese e as formas de expansão das classes médias brasileiras têm relação direta com a maneira como hoje se desempenham os partidos.

A escassez chega às classes médias

Tal situação tende a mudar, quando a classe média começa a conhecer a experiência da escassez, o que poderá levá-la a uma reinterpretação de sua situação. Nos anos recentes, primeiro de forma lenta ou esporádica, e já agora de modo mais sistemático e continuado, a classe média conhece dificuldades que lhe apontam para uma situação existencial bem diferente daquela que conhecera havia poucos anos. Tais dificuldades chegam em um tropel: a educação dos filhos, o cuidado com a saúde, a aquisição ou o aluguel da moradia, a possibilidade de pagar pelo lazer, a falta de garantia no emprego, a deterioração dos salários, a poupança negativa e o crescente endividamento estão levando ao desconforto quanto ao presente e à insegurança quanto ao futuro, tanto o futuro remoto quanto o imediato. Tais incertezas são agravadas pelas novas perspectivas da previdência social e do regime de aposentadorias, da prometida reforma dos seguros privados e da legislação do trabalho. A tudo isso se acrescentam, dentro do próprio lar, a apreensão dos filhos em relação ao futuro profissional e as manifestações cotidianas desse desassossego.

Já que não mais encontram os remédios que lhe eram oferecidos pelo mercado ou pelo Estado como solução aos seus problemas individuais emergentes, as classes médias ganham a percepção de que já não mandam, ou de que já não mais participam da partilha do poder. Acostumadas a atribuir aos políticos a solução dos seus problemas, proclamam, agora, seu descontentamento, distanciando-se deles. Elas já não se veem espelhadas nos partidos e por isso se instalam num desencanto mais abrangente quanto à política propriamente dita. Isso é justificado, em parte, pela visão de consumidor desabusado que alimentou durante décadas, agravada com a fragmentação pela mídia, sobretudo televisiva, da informação e da interpretação do processo social. A certeza de não mais influir politicamente é fortalecida nas classes médias, levando-as, não raro, a reagir negativamente, isto é, a desejar menos política e menos participação, quando a reação correta poderia e deveria ser exatamente a oposta.

A atual experiência de escassez pode não conduzir imediatamente à desejável expansão da consciência. E quando esta se impõe, não o faz igualmente, segundo as pessoas. Visto esquematicamente, tal processo pode ter, como primeiro degrau, a preocupação de defender situações individuais ameaçadas e que se deseja reconstituir, retomando o consumo e o conforto material como o principal motor de uma luta, que, desse modo, pode se limitar a novas manifestações de individualismo. É num segundo momento que tais reivindicações, fruto de reflexão mais profunda, podem alcançar um nível qualitativo superior, a partir de um entendimento mais amplo do processo social e de uma visão sistêmica de situações aparentemente isoladas. O passo seguinte pode levar à decisão de participar de uma luta pela sua transformação, quando o consumidor assume o papel de cidadão. Não importa que esse movimento de tomada de consciência não seja geral nem igual para todas as pessoas. O importante é que se instale.

Um dado novo na política

Seja como for, as classes médias brasileiras, já não mais aduladas, e feridas de morte nos seus interesses materiais e espirituais, constituem, em sua condição atual, um dado novo da vida social e política. Mas seu papel não estará completo enquanto não se identificar com os clamores dos pobres, contribuindo, juntos, para o rearranjo e a regeneração dos partidos, inclusive os partidos do progresso. Dentro destes, são muitos os que ainda aceitam as tentações do triunfalismo oposicionista — sempre que as ocasiões se apresentam — e se rendem ao oportunismo eleitoreiro, limitando-se às respectivas mobilizações ocasionais, desgarrando-se, assim, do seu papel de formadores não apenas da opinião mas da consciência cívica sem a qual não pode haver neste país política verdadeira.

As classes médias brasileiras, agora mais ilustradas e, também, mais despojadas materialmente, têm, agora, a tarefa histórica de forçar os partidos a completar, no Brasil, o trabalho, apenas começado, de implantação de uma democracia que não seja apenas eleitoral, mas, também, econômica, política e social. A experiência da escassez, um revelador cotidiano da verdadeira situação de cada pessoa, é, desse modo, um dado fundamental na aceleração da tomada de consciência. Nas condições brasileiras atuais, as novas circunstâncias podem levar as classes médias a forçar uma mudança substancial do ideário e das práticas políticas, que incluam uma maior responsabilidade ideológica e a correspondente representatividade político-eleitoral dos partidos.

VI

A TRANSIÇÃO EM MARCHA

VI

A TRANSIÇÃO EM MARCHA

Introdução

A gestação do novo, na história, dá-se, frequentemente, de modo quase imperceptível para os contemporâneos, já que suas sementes começam a se impor quando ainda o velho é quantitativamente dominante. É exatamente por isso que a "qualidade" do novo pode passar despercebida. Mas a história se caracteriza como uma sucessão ininterrupta de épocas. Essa ideia de movimento e mudança é inerente à evolução da humanidade. É dessa forma que os períodos nascem, amadurecem e morrem.

No caso do mundo atual, temos a consciência de viver um novo período, mas o novo que mais facilmente apreendemos é a utilização de formidáveis recursos da técnica e da ciência pelas novas formas do grande capital, apoiado por formas institucionais igualmente novas. Não se pode dizer que a globalização seja semelhante às ondas anteriores, nem mesmo uma continuação do que havia antes, exatamente porque as condições de sua realização mudaram radicalmente. É somente agora que a humanidade está podendo contar com essa nova qualidade da técnica, providenciada pelo que se está chamando de técnica informacional. Chegamos a um outro século e o homem, por meio dos avanços da ciência, produz um sistema de técnicas presidido pelas técnicas da informação. Estas passam a exercer um papel de elo entre as demais, unindo-as e assegurando a presença planetária desse novo sistema técnico.

Todavia, para entender o processo que conduziu à globalização atual, é necessário levar em conta dois elementos fundamentais: o estado das técnicas e o estado da política. Há, frequentemente, tendência a separar uma coisa da outra. Daí nascem as muitas interpretações da história a partir das técnicas ou da política, exclusivamente. Na verdade, nunca houve, na história humana, separação entre as duas coisas. A história fornece o quadro material e a política molda as condições que permitem a ação. Na prática social, sistemas técnicos e sistemas de ação se confundem, e é por meio das combinações então possíveis e da escolha dos momentos e lugares de seu uso que a história e a geografia se fazem e se refazem continuadamente.

1.

Cultura popular, período popular

Para a maior parte da humanidade, o processo de globalização acaba tendo, direta ou indiretamente, influência sobre todos os aspectos da existência: a vida econômica, a vida cultural, as relações interpessoais e a própria subjetividade. Ele não se verifica de modo homogêneo, tanto em extensão quanto em profundidade, e o próprio fato de que seja criador de escassez é um dos motivos da impossibilidade da homogeneização. Os indivíduos não são igualmente atingidos por esse fenômeno, cuja difusão encontra obstáculos na diversidade das pessoas e na diversidade dos lugares. Na realidade, a globalização agrava a heterogeneidade, dando-lhe mesmo um caráter ainda mais estrutural.

Uma das consequências de tal evolução é a nova significação da cultura popular, tornada capaz de rivalizar com a cultura de massas. Outra é a produção das condições necessárias à reemergência das próprias massas, apontando para o surgimento de um novo período histórico, a que chamamos de período demográfico ou popular (M. Santos, *Espaço e sociedade*, 1979).

Cultura de massas, cultura popular

Um exemplo é a cultura. Um esquema grosseiro, a partir de uma classificação arbitrária, mostraria, em toda parte, a presença e a influência de uma cultura de massas buscando homogeneizar e impor-se sobre a cultura popular; mas também, e paralelamente, as reações desta cultura popular. Um primeiro movimento é resultado do empenho vertical unificador, homogeneizador, conduzido por um mercado cego, indiferente às heranças e às realidades atuais dos lugares e das sociedades. Sem dúvida, o mercado vai impondo, com maior ou menor força, aqui e ali, elementos mais ou menos maciços da cultura de massa, indispensável, como ela é, ao reino do mercado, e a expansão paralela das formas de globalização econômica, financeira, técnica e cultural. Essa conquista, mais ou menos eficaz segundo os lugares e as sociedades, jamais é completa, pois encontra a resistência da cultura preexistente. Constituem-se, assim, formas mistas sincréticas, entre as quais, oferecida como espetáculo, uma cultura popular domesticada associando um fundo genuíno a formas exóticas que incluem novas técnicas.

Mas há também — e felizmente — a possibilidade, cada vez mais frequente, de uma revanche da cultura popular sobre a cultura de massa, quando, por exemplo, ela se difunde mediante o uso dos instrumentos que na origem são próprios da cultura de massas. Nesse caso, a cultura popular exerce sua qualidade de discurso dos "de baixo", pondo em relevo o cotidiano dos pobres, das minorias, dos excluídos, por meio da exaltação da vida de todos os dias. Se aqui os instrumentos da cultura de massa são reutilizados, o conteúdo não é, todavia, "global", nem a incitação primeira é o chamado mercado global, já que sua base se encontra no território e na cultura local e herdada. Tais expressões da cultura popular são tanto mais fortes e capazes de difusão quanto reveladoras daquilo que poderíamos chamar de regionalismos universalistas, forma de expressão que associa a espontaneidade própria à ingenuidade popular à busca de um discurso universal, que acaba por ser um alimento da política.

No fundo, a questão da escassez aparece outra vez como central. Os "de baixo" não dispõem de meios (materiais e outros) para participar plenamente da cultura moderna de massas. Mas sua cultura, por ser baseada no território, no trabalho e no cotidiano, ganha a força necessária para deformar, ali mesmo, o impacto da cultura de massas. Gente junta cria cultura e, paralelamente, cria uma economia territorializada, uma cultura territorializada, um discurso territorializado, uma política territorializada. Essa cultura da vizinhança valoriza, ao mesmo tempo, a experiência da escassez e a experiência da convivência e da solidariedade. É desse modo que, gerada de dentro, essa cultura endógena impõe-se como um alimento da política dos pobres, que se dá independentemente e acima dos partidos e das organizações. Tal cultura realiza-se segundo níveis mais baixos de técnica, de capital e de organização, daí suas formas típicas de criação. Isto seria, aparentemente, uma fraqueza, mas na realidade é uma força, já que se realiza, desse modo, uma integração orgânica com o território dos pobres e o seu conteúdo humano. Daí a expressividade dos seus símbolos, manifestados na fala, na música e na riqueza das formas de intercurso e solidariedade entre as pessoas. E tudo isso evolui de modo inseparável, o que assegura a permanência do movimento.

A cultura de massas produz certamente símbolos. Mas estes, direta ou indiretamente ao serviço do poder ou do mercado, são, a cada vez, fixos. Ante o movimento social e o objetivo de não parecerem envelhecidos, são substituídos, mas por uma outra simbologia também fixa: o que vem de cima está sempre morrendo e pode, por antecipação, já ser visto como cadáver desde o seu nascimento. É essa a simbologia ideológica da cultura de massas.

Já os símbolos "de baixo", produtos da cultura popular, são portadores da verdade da existência e reveladores do próprio movimento da sociedade.

As condições empíricas da mutação

É a partir de premissas como essas que se pode pensar uma reemergência das massas. Para isso devem contribuir, a partir das migrações políticas ou econômicas, a ampliação da vocação atual para a mistura intercontinental e intranacional de povos, raças, religiões, gostos, assim como a tendência crescente à aglomeração da população em alguns lugares, essa urbanização concentrada já revelada nos últimos vinte anos.

Da combinação dessas duas tendências pode-se supor que o processo iniciado há meio século levará a uma verdadeira colorização do Norte, à "informalização" de parte de sua economia e de suas relações sociais e à generalização de certo esquema dual presente nos países subdesenvolvidos do Sul e agora ainda mais evidente.

Tal sociedade e tal economia urbana dual (mas não dualista) conduzirão a duas formas imbricadas de acumulação, duas formas de divisão do trabalho e duas lógicas urbanas distintas e associadas, tendo como base de operação um mesmo lugar. O fenômeno já entrevisto de uma divisão do trabalho por cima e de uma outra por baixo tenderá a se reforçar. A primeira prende-se ao uso obediente das técnicas da racionalidade hegemônica, enquanto a segunda é fundada na redescoberta cotidiana das combinações que permitem a vida e, segundo os lugares, operam em diferentes graus de qualidade e de quantidade.

Da divisão do trabalho por cima cria-se uma solidariedade gerada de fora e dependente de vetores verticais e de relações pragmáticas frequentemente longínquas. A racionalidade é mantida à custa de normas férreas, exclusivas, implacáveis, radicais. Sem obediência cega não há eficácia. Na divisão do trabalho por baixo, o que se produz é uma solidariedade criada de dentro e dependente de vetores horizontais cimentados no território e na cultura locais. Aqui são as relações de proximidade que avultam, este é o domínio da flexibilidade tropical com a adaptabilidade extrema dos atores, uma adaptabilidade endógena. A cada movimento novo, há um novo reequilíbrio em favor da sociedade local e regulado por ela.

A divisão do trabalho por cima é um campo de maior velocidade. Nela, a rigidez das normas econômicas (privadas e públicas) impede a política. Por baixo há maior dinamismo intrínseco, maior movimento espontâneo, mais encontros gratuitos, maior complexidade, mais riqueza (a riqueza e o movimento dos homens lentos), mais combinações. Produz-se uma nova centralidade do social, segundo a fórmula sugerida por Ana Clara Torres Ribeiro, o que constitui, também, uma nova base para a afirmação do reino da política.

A precedência do homem e o período popular

Uma outra globalização supõe uma mudança radical das condições atuais, de modo que a centralidade de todas as ações seja localizada no homem. Sem dúvida, essa desejada mudança apenas ocorrerá no fim do processo, durante o qual reajustamentos sucessivos se imporão.

Nas presentes circunstâncias, conforme já vimos, a centralidade é ocupada pelo dinheiro, em suas formas mais agressivas, um dinheiro em estado puro sustentado por uma informação ideológica, com a qual se encontra em simbiose. Daí a brutal distorção do sentido da vida em todas as suas dimensões, incluindo o trabalho e o lazer, e alcançando a valoração íntima de cada pessoa e a própria constituição do espaço geográfico. Com a prevalência do dinheiro em estado puro como motor primeiro e último das ações, o homem acaba por ser considerado um elemento residual. Dessa forma, o território, o Estado-nação e a solidariedade social também se tornam residuais.

A primazia do homem supõe que ele estará colocado no centro das preocupações do mundo, como um dado filosófico e como uma inspiração para as ações. Dessa forma, estarão assegurados o império da compaixão nas relações interpessoais e o estímulo à solidariedade social, a ser exercida entre indivíduos, entre o indivíduo e a sociedade, e vice-versa, e entre a sociedade e o Estado, reduzindo as fraturas sociais, impondo uma nova ética, e, destarte, assentando bases sólidas para uma nova sociedade, uma nova economia, um novo espaço geográfico. O ponto de partida para pensar alternativas seria, então, a prática da vida e a existência de todos.

A nova paisagem social resultaria do abandono e da superação do modelo atual e sua substituição por um outro, capaz de garantir para o maior número a satisfação das necessidades essenciais a uma vida humana digna, relegando a uma posição secundária necessidades fabricadas, impostas por meio da publicidade e do consumo conspícuo. Assim o interesse social suplantaria a atual precedência do interesse econômico e tanto levaria a uma nova agenda de investimentos como a uma nova hierarquia nos gastos públicos, empresariais e privados. Tal esquema conduziria, paralelamente, ao estabelecimento de novas relações internas a cada país e a novas relações internacionais. Num mundo em que fosse abolida a regra da competitividade como padrão essencial de relacionamento, a vontade de ser potência não seria mais um norte para o comportamento dos estados, e a ideia de mercado interno será uma preocupação central.

Agora, o que está sendo privilegiado são as relações pontuais entre grandes atores, mas falta sentido ao que eles fazem. Assim, a busca de um futuro diferente tem de passar pelo abandono das lógicas infernais que, dentro dessa racionalidade viciada, fundamentam e presidem as atuais práticas econômicas e políticas hegemônicas.

A atual subordinação ao modo econômico único tem conduzido a que se dê prioridade às exportações e importações, uma das formas com as quais se materializa o chamado mercado global. Isso, todavia, tem trazido como consequência para todos os países uma baixa de qualidade de vida para a maioria da população e a ampliação do número de pobres em todos os continentes, pois, com a globalização atual, deixaram-se de lado políticas sociais que amparavam, em passado recente, os menos favorecidos, sob o argumento de que os recursos sociais e os dinheiros públicos devem primeiramente ser utilizados para facilitar a incorporação dos países na onda globalitária. Mas, se a preocupação central é o homem, tal modelo não terá mais razão de ser.

2.

A centralidade da periferia

A ideia da irreversibilidade da globalização atual é aparentemente reforçada cada vez que constatamos a inter-relação atual entre cada país e o que chamamos de "mundo", assim como a interdependência, hoje indiscutível, entre a história geral e as histórias particulares. Na verdade, isso também tem a ver com a ideia, também estabelecida, de que a história seria sempre feita a partir dos países centrais, isto é, da Europa e dos Estados Unidos, aos quais, de modo geral, o presente estado de coisas interessa.

Limites à cooperação

Quando, porém, observamos de perto aspectos mais estruturais da situação atual, verificamos que o centro do sistema busca impor uma globalização de cima para baixo aos demais países, enquanto no seu âmago reina uma disputa entre Europa, Japão e Estados Unidos, que lutam para guardar e ampliar sua parte do mercado global e afirmar a hegemonia econômica, política e militar sobre as nações que lhes são mais diretamente tributárias sem, todavia, abandonar a ideia de ampliar sua própria área de influência. Então, qualquer fração de mercado, não importa onde esteja, se torna fundamental à competitividade exitosa das empresas. Estas põem em ação suas forças e incitam os governos respectivos a apoiá-las. O limite da cooperação dentro da Tríade (Estados Unidos, Europa, Japão) é essa mesma competição, de modo que cada um não perca terreno diante do outro.

Entretanto, já que nesses países a ideia de cidadania ainda é forte, é impossível descuidar do interesse das populações ou suprimir inteiramente direitos adquiridos mediante lutas seculares. O que permanece como lembrança do Estado de bem-estar basta para contrariar as pretensões de completa autonomia das empresas transnacionais e contribui para a emergência, dentro de cada nação, de novas contradições. Como as empresas tendem a exercer sua vontade de poder no plano global, a luta entre elas se agrava, arrastando os países nessa competição. Trata-se, na verdade, de uma guerra, protagonizada tanto pelos Estados como pelas respectivas empresas globais, da qual participam como parceiros mais frágeis os países subdesenvolvidos.

Agora mesmo, a experiência dos mercados comuns regionais já mostra aos países chamados "emergentes" que a cooperação da tríade, em conjunto ou separadamente, é mais representativa do interesse próprio das grandes potências que de uma vontade de efetiva colaboração. Nessa guerra, os organismos internacionais capitaneados pelo Fundo Monetário, pelo Banco Mundial, pelo BID etc. exercem um papel determinante, em sua qualidade de intérpretes dos interesses comuns aos Estados Unidos, à Europa e ao Japão. Tais realidades levam a duvidar da vontade de cada um e do conjunto desses atores hegemônicos de construir um verdadeiro universalismo e permite pensar que, nas condições atuais, essa dupla competição perdurará.

O desafio ao Sul

Os países subdesenvolvidos, parceiros cada vez mais fragilizados nesse jogo tão desigual, mais cedo ou mais tarde compreenderão que nessa situação a cooperação lhes aumenta a dependência. Daí a inutilidade dos esforços de associação dependente em face dos países centrais, no quadro da globalização atual. Esse mundo globalizado produz uma racionalidade determinante, mas que vai, pouco a pouco, deixando de ser dominante. É uma racionalidade que comanda os grandes negócios cada vez mais abrangentes e mais concentrados em poucas mãos. Esses grandes negócios são de interesse direto de um número cada vez menor de pessoas e empresas. Como a maior parte da humanidade é direta ou indiretamente do interesse deles, pouco a pouco essa realidade é desvendada pelas pessoas e pelos países mais pobres.

Há, em tudo isso, uma grande contradição. Abandonamos as teorias do subdesenvolvimento, o terceiro-mundismo, que eram nossa bandeira nas décadas de 1950-60. Todavia, graças à globalização, está ressurgindo algo muito forte: a história da maioria da humanidade conduz à consciência da sobrevivência dessa *tercermundização* (que, de alguma forma inclui, também, uma parte da população dos países ricos) (Samuel Pinheiro Guimarães, *Quinhentos anos de periferia*, 1999).

É certo que a tomada de consciência dessa situação estrutural de inferioridade não chegará ao mesmo tempo para todos os países subdesenvolvidos e, muito menos, será, neles, sincrônica a vontade de mudança diante desse tipo de relações. Pode-se, no entanto, admitir que, mais cedo ou mais tarde, as condições internas a cada país, provocadas em boa parte pelas suas relações externas, levarão a uma revisão dos pactos que atualmente conformam a globalização. Haverá, então, uma vontade de distanciamento e posteriormente de desengajamento, conforme sugerido por Samir Amin, rompendo-se, desse modo, a unidade de obediência hoje predominante. Jungidos sob o peso de uma dívida externa que não podem pagar, os países subdesenvolvidos assistem à criação incessante de carências e de pobres e começam a reconhecer sua atual situação de ingovernabilidade, forçados que estão a transferir para o setor econômico recursos que deveriam ser destinados à área social.

Na verdade, já são muito numerosas as manifestações de desconforto com as consequências da nova dependência e do novo imperialismo (Reinaldo Gonçalves, *Globalização e desnacionalização*, 1999). Tornam-se evidentes os limites da aceitação de tal situação. Por diferentes razões e meios diversos, as manifestações de irredentismo já são claramente evidentes em países como o Irã, o Iraque, o Afeganistão, mas, também, a Malásia, o Paquistão, sem contar com as formas particulares de inclusão da Índia e da China na globalização atual, que nada têm de simples obediência ou conformidade, como a propaganda ocidental quer fazer crer. Países como a China e a Índia, com um terço da população mundial e uma presença internacional cada vez mais ativa, dificilmente aceitarão, uma ou outra, assim como a Rússia, jogar o papel passivo de nação-mercado para os blocos economicamente hegemônicos. Uma reação em cadeia poderá ensejar o renascimento de algo como o antigo *élan* terceiro-mundista tal como o presidente Nyerere, da Tanzânia, havia sugerido em seu livro *O desafio ao Sul*.

Além dessa tendência verossímil, considerem-se as formas de desordem da vida social que já se multiplicam em numerosos países e que tendem a aumentar. O Brasil é emblemático como exemplo, não se sabendo, porém, até quando será possível manter o modelo econômico globalitário e ao mesmo tempo acalmar as populações crescentemente insatisfeitas.

As potências centrais (Estados Unidos, Europa, Japão), apesar das divergências pela competição quanto ao mercado global, têm interesses comuns que as incitarão a buscar adaptar suas regras de convivência à pretensão de manter a hegemonia. Como, todavia, a globalização atual é um período de crise permanente, a renovação do papel hegemônico da Tríade levará a maiores sacrifícios para o resto da comunidade das nações, incentivando, assim, nestas, a busca de outras soluções.

A combinação hegemônica de que resultam as formas econômicas modernas atinge diferentemente os diversos países, as diversas culturas, as diferentes áreas dentro de um mesmo país. A diversidade sociogeográfica atual o exemplifica. Sua realidade revela um movimento globalizador seletivo, com a maior parte da população do planeta sendo menos diretamente atingida — e em certos casos pouco atingida —

pela globalização econômica vigente. Na Ásia, na África e mesmo na América Latina, a vida local se manifesta ao mesmo tempo como uma resposta e uma reação a essa globalização. Não podendo essas populações majoritárias consumir o Ocidente globalizado em suas formas puras (financeira, econômica e cultural), as respectivas áreas acabam por ser os lugares onde a globalização é relativizada ou recusada.

Uma coisa parece certa: as mudanças a serem introduzidas, no sentido de alcançarmos uma outra globalização, não virão do centro do sistema, como em outras fases de ruptura na marcha do capitalismo. As mudanças sairão dos países subdesenvolvidos.

É previsível que o sistemismo sobre o qual trabalha a globalização atual erga-se como um obstáculo e torne difícil a manifestação da vontade de desengajamento. Mas não impedirá que cada país elabore, a partir de características próprias, modelos alternativos, nem tampouco proibirá que associações de tipo horizontal se deem entre países vizinhos igualmente hegemonizados, atribuindo uma nova feição aos blocos regionais e ultrapassando a etapa das relações meramente comerciais para alcançar um estágio mais elevado de cooperação. Então, uma globalização constituída de baixo para cima, em que a busca de classificação entre potências deixe de ser uma meta, poderá permitir que preocupações de ordem social, cultural e moral possam prevalecer.

3.

A nação ativa, a nação passiva

A globalização atual e as formas brutais que adotou para impor mudanças levam à urgente necessidade de rever o que fazer com as coisas, as ideias e também com as palavras. Qualquer que seja o debate, hoje, reclama a explicitação clara e coerente dos seus termos, sem o que se pode facilmente cair no vazio ou na ambiguidade. É o caso do próprio debate nacional, exigente de novas definições e vocabulário renovado. Como sempre, o país deve ser visto como uma situação estrutural em movimento, na qual cada elemento está intimamente relacionado com os demais.

Ocaso do projeto nacional?

Agora, porém, no mundo da globalização, o reconhecimento dessa estrutura é difícil, do mesmo modo que a visualização de um projeto nacional pode tornar-se obscura. Talvez por isso, os projetos das grandes empresas, impostos pela tirania das finanças e trombeteados pela mídia, acabam, de um jeito ou de outro, guiando a evolução dos países, em acordo ou não com as instâncias públicas frequentemente dóceis e subservientes, deixando de lado o desenho de uma geopolítica própria a cada nação e que leve em conta suas características e interesses.

Assim, as noções de destino nacional e de projeto nacional cedem frequentemente a frente da cena a preocupações menores, pragmáticas, imediatistas, inclusive porque, pelas razões já expostas, os partidos políticos nacionais raramente apresentam plataformas conduzidas por objetivos políticos e sociais claros e que exprimam visões de conjunto (Cesar Benjamin e outros, *A opção brasileira*, 1998). A ideia de história, sentido, destino é amesquinhada em nome da obtenção de metas estatísticas, cuja única preocupação é o conformismo diante das determinações do processo atual de globalização. Daí a produção sem contrapartida de desequilíbrios e distorções estruturais, acarretando mais fragmentação e desigualdade, tanto mais graves quanto mais abertos e obedientes se mostrem os países.

Alienação da nação ativa

Tomemos o caso do Brasil. É mais que uma simples metáfora pensar que uma das formas de abordagem da questão seria considerar, dentro da nação, a existência, na realidade, de duas nações. Uma nação passiva e uma nação ativa. Do fato de serem as contabilidades nacionais globalizadas — e globalizantes! —, a grande ironia é que se passa a considerar como nação ativa aquela que obedece cegamente ao desígnio globalitário, enquanto o resto acaba por constituir, desse ponto de vista, a nação passiva. A fazer valer tais postulados, a nação ativa seria a daqueles que aceitam, pregam e conduzem uma modernização que dá preeminência aos ajustes que interessam ao dinheiro, enquanto a nação passiva seria formada por tudo o mais.

Serão mesmo adequadas essas expressões? Ou aquilo a que, desse modo, se está chamando de nação ativa seria, na realidade, a nação passiva, enquanto a nação chamada passiva seria, de fato, a nação ativa?

A chamada nação ativa, isto é, aquela que comparece eficazmente na contabilidade nacional e na contabilidade internacional, tem seu modelo conduzido pelas burguesias internacionais e pelas burguesias nacionais associadas. É verdade, também, que o seu discurso globalizado, para ter eficácia local, necessita de um sotaque doméstico e por isso estimula um pensamento nacional associado produzido por mentes cativas, subvencionadas ou não. A nação chamada ativa alimenta sua ação com a prevalência de um sistema ideológico que define as ideias de prosperidade e de riqueza e, paralelamente, a produção da conformidade. A "nação ativa" aparece como fluida, veloz, externamente articulada, internamente desarticuladora, entrópica. Será ela dinâmica? Como essa ideia é muito difundida, cabe lembrar que velocidade não é dinamismo. Esse movimento não é próprio, mas atribuído, tomado emprestado a um motor externo; ele não é genuíno, não tem finalidade, é desprovido de teleologia. Trata-se de uma agitação cega, um projeto equivocado, um dinamismo do diabo.

Conscientização e riqueza da nação passiva

A nação chamada passiva é constituída pela maior parte da população e da economia, aqueles que apenas participam de modo residual do mercado global ou cujas atividades conseguem sobreviver à sua margem, sem, todavia, entrar cabalmente na contabilidade pública ou nas estatísticas oficiais. O pensamento que define e compreende os seus atores é o do intelectual público engajado na defesa dos interesses da maioria.

As atividades dessa nação passiva são frequentemente marcadas pela contradição entre a exigência prática da conformidade, isto é, a necessidade de participar direta ou indiretamente da racionalidade dominante, e a insatisfação e inconformismo dos atores diante de resultados sempre limitados. Daí o encontro cotidiano de uma situação de inferiorização, tornada permanente, o que reforça em seus participantes a noção de escassez e convoca a uma reinterpretação da própria situação individual diante do lugar, do país e do mundo.

A "nação passiva" é estatisticamente lenta, colada às rugosidades do seu meio geográfico, localmente enraizada e orgânica. É também a nação que mantém relações de simbiose com o entorno imediato, relações cotidianas que criam, espontaneamente e à contracorrente, uma cultura própria, endógena, resistente, que também constitui um alicerce, uma base sólida para a produção de uma política. Essa nação passiva *mora*, ali onde vive e evolui, enquanto a outra apenas circula, utilizando os lugares como mais um recurso a seu serviço, mas sem outro compromisso.

Num primeiro momento, desarticulada pela "nação ativa", a "nação passiva" não pode alcançar um projeto conjunto. Aliás, o império dos interesses imediatos que se manifestam no exercício pragmático da vida contribui, sem dúvida, para tal desarticulação. Mas, num segundo momento, a tomada de consciência trazida pelo seu enraizamento no meio e, sobretudo, pela sua experiência da escassez, torna possível a produção de um projeto, cuja viabilidade provém do fato de que a nação chamada passiva é formada pela maior parte da população, além de ser dotada de um dinamismo próprio, autêntico, fundado em sua própria existência. Daí sua veracidade e riqueza.

Podemos desse modo admitir que aquilo que, mediante o jogo de espelhos da globalização, ainda se chama de nação ativa é, na verdade, a nação passiva, enquanto o que, pelos mesmos parâmetros, é considerado a nação passiva, constitui, já no presente, mas sobretudo na ótica do futuro, a verdadeira nação ativa. Sua emergência será tanto mais viável, rápida e eficaz se se reconhecem e revelam a confluência dos modos de existência e de trabalho dos respectivos atores e a profunda unidade do seu destino.

Aqui, o papel dos intelectuais será, talvez, muito mais do que promover um simples combate às formas de ser da "nação ativa" — tarefa importante mas insuficiente, nas atuais circunstâncias —, devendo empenhar-se por mostrar, analiticamente, dentro do todo nacional, a vida sistêmica da nação passiva e suas manifestações de resistência a uma conquista indiscriminada e totalitária do espaço social pela chamada nação ativa. Tal visão renovada da realidade contraditória de cada fração do território deve ser oferecida à reflexão da sociedade em geral, tanto à sociedade organizada nas associações, sindicatos, igrejas, partidos como à sociedade desorganizada, que encontrarão nessa nova interpretação os elementos necessários para a postulação e o exercício de uma outra política, mais condizente com a busca do interesse social.

4.

A globalização atual não é irreversível

A globalização atual é muito menos um produto das ideias atualmente possíveis e, muito mais, o resultado de uma ideologia restritiva adrede estabelecida. Já vimos que todas as realizações atuais, oriundas de ações hegemônicas, têm como base construções intelectuais fabricadas antes mesmo da fabricação das coisas e das decisões de agir. A intelectualização da vida social, recentemente alcançada, vem acompanhada de uma forte ideologização.

A dissolução das ideologias

Todavia, a que agora estamos assistindo em toda parte é uma tendência à dissolução dessas ideologias, no confronto com a experiência vivida dos povos e dos indivíduos. O próprio credo financeiro, visto pelas lentes do sistema econômico a que deu origem, ou examinado isoladamente, em cada país, aparece menos aceitável e, a partir de sua contestação, outros elementos da ideologia do pensamento único perdem força.

Além das múltiplas formas com que, no período histórico atual, o discurso da globalização serve de alicerce às ações hegemônicas dos Estados, das empresas e das instituições internacionais, o papel da ideologia na produção das coisas e o papel ideológico dos objetos que nos rodeiam contribuem, juntos, para agravar essa sensação de que agora não há outro *futuro* senão aquele que nos virá como um *presente ampliado* e não como outra coisa. Daí a pesada onda de conformismo e inação que caracteriza nosso tempo, contaminando os jovens e, até mesmo, uma densa camada de intelectuais.

É muito difundida a ideia segundo a qual o processo e a forma atuais da globalização seriam irreversíveis. Isso também tem a ver com a força com a qual o fenômeno se revela e instala em todos os lugares e em todas as esferas da vida, levando a pensar que não há alternativas para o presente estado de coisas.

No entanto, essa visão repetitiva do mundo confunde o que já foi realizado com as perspectivas de realização. Para exorcizar esse risco, devemos considerar que o mundo é formado não apenas pelo que já existe (aqui, ali, em toda parte), mas pelo que pode efetivamente existir (aqui, ali, em toda parte). O mundo datado de hoje deve ser enxergado como o que na verdade ele nos traz, isto é, um conjunto presente de possibilidades reais, concretas, todas factíveis sob determinadas condições.

O mundo definido pela literatura oficial do pensamento único é, somente, o conjunto de formas particulares de realização de apenas certo número dessas possibilidades. No entanto, um mundo verdadeiro se definirá a partir da lista completa de possibilidades presentes em certa data e que incluem não só o que já existe sobre a face da Terra, como também o que ainda não existe, mas é empiricamente factível. Tais possibilidades, ainda não realizadas, já estão presentes como tendência ou como promessa de realização. Por isso, situações como a que agora defrontamos parecem definitivas, mas não são verdades eternas.

A pertinência da utopia

É somente a partir dessa constatação, fundada na história real do nosso tempo, que se torna possível retomar, de maneira concreta, a ideia de utopia e de projeto. Este será o resultado da conjunção de dois tipos de valores. De um lado, estão os valores fundamentais, essenciais, fundadores do homem, válidos em qualquer tempo e lugar, como a liberdade, a dignidade, a felicidade; de outro lado, surgem os valores contingentes, devidos à história do presente, isto é, à história atual. A densidade e a factibilidade histórica do projeto, hoje, dependem da maneira como empreendamos sua combinação.

Por isso, é lícito dizer que o futuro são muitos; e resultarão de arranjos diferentes, segundo nosso grau de consciência, entre o reino das possibilidades e o reino da vontade. É assim que iniciativas serão articuladas e obstáculos serão superados, permitindo contrariar a força das estruturas dominantes, sejam elas presentes ou herdadas. A identificação das etapas e os ajustamentos a empreender durante o caminho dependerão da necessária clareza do projeto.

Conforme já mencionamos, alguns dados do presente nos abrem, desde já, a perspectiva de um futuro diferente, entre outros: a tendência à mistura generalizada entre povos; a vocação para uma urbanização concentrada; o peso da ideologia nas construções históricas atuais; o empobrecimento relativo e absoluto das populações e a perda de qualidade de vida das classes médias; o grau de relativa "docilidade" das técnicas contemporâneas; a "politização generalizada" permitida pelo excesso de normas (María Laura Silveira, *Um país, uma região. Fim de século e modernidades na Argentina*, 1999); e a realização possível do homem com a grande mutação que desponta.

Lembramos, também, que um dos elementos, ao mesmo tempo ideológico e empiricamente existencial, da presente forma de globalização é a centralidade do consumo, com a qual muito têm a ver a vida de todos os dias e suas repercussões sobre a produção, as formas presentes de existência e as perspectivas das pessoas. Mas as atuais relações instáveis de trabalho, a expansão de desemprego e a baixa do salário médio constituem um contraste em relação à multiplicação dos objetos e serviços, cuja acessibilidade se torna, desse modo, improvável, ao mesmo tempo que até os consumos tradicionais acabam sendo difíceis ou impossíveis para uma parcela importante da população. É como se o feitiço virasse contra o feiticeiro.

Essa recriação da necessidade, dentro de um mundo de coisas e serviços abundantes, atinge cada vez mais as classes médias, cuja definição, agora, se renova, à medida que, como também já vimos, passam a conhecer a experiência da escassez. Esse é um dado relevante para compreender a mudança na visibilidade da história que se está processando. De tal modo, às visões oferecidas pela propaganda ostensiva ou pela ideologia contida nos objetos e nos discursos opõem-se as visões propiciadas pela existência. É por meio desse conjunto de movimentos que se reconhece uma saturação dos símbolos pré-construídos e que os limites da tolerância às ideologias são ultrapassados, o que permite a ampliação do campo da consciência.

Nas condições atuais, essa evolução pode parecer impossível, em vista de que as soluções até agora propostas ainda são prisioneiras daquela visão segundo a qual o único dinamismo possível é o da grande economia, com base nos reclamos do sistema financeiro. Por exemplo, os esforços para restabelecer o emprego dirigem-se, sobretudo, quando não exclusivamente, ao circuito superior da economia. Mas esse não é o único caminho e outros remédios podem ser buscados, segundo a orientação político-ideológica dos responsáveis, levando em conta uma divisão do trabalho vinda "de baixo", fenômeno típico dos países subdesenvolvidos (M. Santos, *O espaço dividido*, 1978), mas que agora também se verifica no mundo chamado desenvolvido.

Por outro lado, na medida em que as técnicas cada vez mais se dão como normas e a vida se desenrola no interior de um oceano de técnicas, acabamos por viver uma politização generalizada. A rapidez dos processos conduz a uma rapidez nas mudanças e, por conseguinte, aprofunda a necessidade de produção de novos entes organizadores.

Isso se dá nos diversos níveis da vida social. Nada de relevante é feito sem normas. Neste fim do século XX, tudo é política. E, graças às técnicas utilizadas no período contemporâneo e ao papel centralizador dos agentes hegemônicos, que são planetários, torna-se ubíqua a presença de processos distorcidos e exigentes de reordenamento. Por isso a política aparece como um dado indispensável e onipresente, abrangendo praticamente a totalidade das ações.

Assistimos, assim, ao império das normas, mas também ao conflito entre elas, incluindo o papel cada vez mais dominante das normas privadas na produção da esfera pública. Não é raro que as regras estabelecidas pelas empresas afetem mais que as regras criadas pelo Estado. Tudo isso atinge e desnorteia os indivíduos, produzindo uma atmosfera de insegurança e até mesmo de medo, mas levando os que não sucumbem inteiramente ao seu império à busca da consciência quanto ao destino do Planeta e, logo, do Homem.

Outros usos possíveis para as técnicas atuais

Os sistemas técnicos de que se valem os atuais atores hegemônicos estão sendo utilizados para reduzir o escopo da vida humana sobre o planeta. No entanto, jamais houve na história sistemas tão propícios a facilitar a vida e a proporcionar a felicidade dos homens. A materialidade que o mundo da globalização está recriando permite um uso radicalmente diferente daquele que era o da base material da industrialização e do imperialismo.

A técnica das máquinas exigia investimentos maciços, seguindo-se a massividade e a concentração dos capitais e do próprio sistema técnico. Daí a inflexibilidade física e moral das operações, levando a um uso limitado, direcionado, da inteligência e da criatividade. Já o computador, símbolo das técnicas da informação, reclama capitais fixos relativamente pequenos, enquanto seu uso é mais exigente de inteligência. O investimento necessário pode ser fragmentado e torna-

-se possível sua adaptação aos mais diversos meios. Pode-se até falar da emergência de um artesanato de novo tipo, servido por velozes instrumentos de produção e de distribuição.

Dir-se-á, então, que o computador reduz — tendencialmente — o efeito da pretensa lei segundo a qual a inovação técnica conduz paralelamente a uma concentração econômica. Os novos instrumentos, pela sua própria natureza, abrem possibilidades para sua disseminação no corpo social, superando as clivagens socieconômicas preexistentes.

Sob condições políticas favoráveis, a materialidade simbolizada pelo computador é capaz não só de assegurar a liberação da inventividade como torná-la efetiva. A desnecessidade, nas sociedades complexas e socioeconomicamente desiguais, de adotar universalmente computadores de última geração afastará, também, o risco de que distorções e desequilíbrios sejam agravados. E a ideia de distância cultural, subjacente à teoria e à prática do imperialismo, atinge, também, seu limite. As técnicas contemporâneas são mais fáceis de inventar, imitar ou reproduzir que os modos de fazer que as precederam.

As famílias de técnicas emergentes com o fim do século XX — combinando informática e eletrônica, sobretudo — oferecem a possibilidade de superação do imperativo da tecnologia hegemônica e paralelamente admitem a proliferação de novos arranjos, com a retomada da criatividade. Isso, aliás, já está se dando nas áreas da sociedade em que a divisão do trabalho se produz de baixo para cima. Aqui, a produção do novo e o uso e a difusão do novo deixam de ser monopolizados por um capital cada vez mais concentrado para pertencer ao domínio do maior número, possibilitando afinal a emergência de um verdadeiro mundo da inteligência. Desse modo, a técnica pode voltar a ser o resultado do encontro do engenho humano com um pedaço determinado da natureza — cada vez mais modificada —, permitindo que essa relação seja fundada nas virtualidades do entorno geográfico e social, de modo a assegurar a restauração do homem em sua essência.

Geografia e aceleração da história

A própria geografia parece contribuir para que a história se acelere. Na cidade — sobretudo na grande cidade —, os efeitos de vizinhança parecem impor uma possibilidade maior de identificação das situações, graças, também, à melhoria da informação disponível e ao aprofundamento das possibilidades de comunicação. Dessa maneira, torna-se possível a identificação, na vida material como na ordem intelectual, do desamparo a que as populações são relegadas, levando, paralelamente, a um maior reconhecimento da condição de escassez e a novas possibilidades de ampliação da consciência.

A partir desses efeitos de vizinhança, o indivíduo refortificado pode, num segundo momento, ultrapassar sua busca pelo consumo e entregar-se à busca da cidadania. A primeira supõe uma visão limitada e unidirecionada, enquanto a segunda inclui a elaboração de visões abrangentes e sistêmicas. No primeiro caso, o que é perseguido é a reconstrução das condições materiais e jurídicas que permitem fortalecer o bem-estar individual (ou familiar) sem, todavia, mostrar preocupação com o fortalecimento da individualidade, enquanto a busca da cidadania apontará para a reforma das práticas e das instituições políticas.

Diante dessa nova realidade, as aglomerações populacionais serão valorizadas como o lugar da densidade humana e, por isso, o lugar de uma coabitação dinâmica. Será também aí, visto pela mesma ótica, que se observarão a renascença e o peso da cultura popular. Por outro lado, a precariedade e a pobreza, isto é, a impossibilidade, pela carência de recursos, de participar plenamente das ofertas materiais da modernidade, poderão, igualmente, inspirar soluções que conduzam ao desejado e hoje possível renascimento da técnica, isto é, o uso consciente e imaginativo, em cada lugar, de todo tipo de oferta tecnológica e de toda modalidade de trabalho. Para isso contribuirá o fato histórico concreto que é, ao contrário do período histórico anterior, o grau de "docilidade" das técnicas contemporâneas, que se apresentam mais propícias à liberação do esforço, ao exercício da inventividade e à floração e multiplicação das demandas sociais e individuais.

Se a realização da história, a partir dos vetores "de cima", é ainda dominante, a realização de uma outra história a partir dos vetores "de baixo" é tornada possível. E para isso contribuirão, em todos os países, a mistura de povos, raças, culturas, religiões, gostos etc. A aglomeração das pessoas em espaços reduzidos, com o fenômeno de urbanização concentrada, típico do último quartel do século XX, e as próprias mutações nas relações de trabalho, junto ao desemprego crescente e à depressão dos salários, mostram aspectos que poderão se mostrar positivos em futuro próximo, quando as metamorfoses do trabalho informal serão vividas também como expansão do trabalho livre, assegurando a seus portadores novas possibilidades de interpretação do mundo, do lugar e da respectiva posição de cada um, no mundo e no lugar.

As condições atuais permitem igualmente antever uma reconversão da mídia sob a pressão das situações locais (produção, consumo, cultura). A mídia trabalha com o que ela própria transforma em objeto de mercado, isto é, as pessoas. Como em nenhum lugar as comunidades são formadas por pessoas homogêneas, a mídia deve levar isso em conta. Nesse caso, deixará de representar o senso comum imposto pelo pensamento único. Desde que os processos econômicos, sociais e políticos produzidos de baixo para cima possam desenvolver-se eficazmente, uma informação veraz poderá dar-se dentro da maioria da população e a serviço de uma comunicação imaginosa e emocionada, atribuindo-se, assim, um papel diametralmente oposto ao que lhe é hoje conferido no sistema da mídia.

Um novo mundo possível

A partir dessas metamorfoses, pode-se pensar na produção local de um entendimento progressivo do mundo e do lugar, com a produção indígena de imagens, discursos, filosofias, junto à elaboração de um novo *ethos* e de novas ideologias e novas crenças políticas, amparadas na ressurreição da ideia e da prática da solidariedade.

O mundo de hoje também autoriza uma outra percepção da história por meio da contemplação da universalidade empírica constituída com a emergência das novas técnicas planetarizadas e as possibilidades abertas a seu uso. A dialética entre essa universalidade empírica e as particularidades encorajará a superação das práxis invertidas, até agora comandadas pela ideologia dominante, e a possibilidade de ultrapassar o reino da necessidade, abrindo lugar para a utopia e para a esperança. Nas condições históricas do presente, essa nova maneira de enxergar a globalização permitirá distinguir, na totalidade, aquilo que já é dado e existe como um fato consumado, e aquilo que é possível, mas ainda não realizado, vistos um e outro de forma unitária. Lembremo-nos da lição de A. Schmidt (*The concept of nature in Marx*, 1971) quando dizia que "a realidade é, além disso, tudo aquilo em que ainda não nos tornamos, ou seja, tudo aquilo que a nós mesmos nos projetamos como seres humanos, por intermédio dos mitos, das escolhas, das decisões e das lutas".

A crise por que passa hoje o sistema, em diferentes países e continentes, põe à mostra não apenas a perversidade, mas também a fraqueza da respectiva construção. Isso, conforme vimos, já está levando ao descrédito dos discursos dominantes, mesmo que outro discurso, de crítica e de proposição, ainda não haja sido elaborado de modo sistêmico.

O processo de tomada de consciência — já o vimos — não é homogêneo, nem segundo os lugares, nem segundo as classes sociais ou situações profissionais, nem quanto aos indivíduos. A velocidade com que cada pessoa se apropria da verdade contida na história é diferente, tanto quanto a profundidade e coerência dessa apropriação. A descoberta individual é, já, um considerável passo à frente, ainda que possa parecer ao seu portador um caminho penoso, à medida das resistências circundantes a esse novo modo de pensar. O passo seguinte é a obtenção de uma visão sistêmica, isto é, a possibilidade de enxergar as situações e as causas atuantes como conjuntos e de localizá-los como um todo, mostrando sua interdependência. A partir daí, a discussão silenciosa consigo mesmo e o debate mais ou menos público com os demais ganham uma nova clareza e densidade, permitindo enxergar as relações de causa e efeito como uma corrente contínua, em que cada situação se inclui numa rede dinâmica, estruturada, à escala do mundo e à escala dos lugares.

É a partir dessa visão sistêmica que se encontram, interpenetram e completam as noções de mundo e de lugar, permitindo entender como cada lugar, mas também cada coisa, cada pessoa, cada relação dependem do mundo.

Tais raciocínios autorizam uma visão crítica da história na qual vivemos, o que inclui uma apreciação filosófica da nossa própria situação ante a comunidade, a nação, o planeta, com uma nova apreciação de nosso próprio papel como pessoa. É desse modo que, até mesmo a partir da noção do que é ser um consumidor, poderemos alcançar a ideia de homem integral e de cidadão. Essa revalorização radical do indivíduo contribuirá para a renovação qualitativa da espécie humana, servindo de alicerce a uma nova civilização.

A reconstrução vertical do mundo, tal como a atual globalização perversa está realizando, pretende impor a todos os países normas comuns de existência e, se possível, ao mesmo tempo e rapidamente. Mas isto não é definitivo. A evolução que estamos entrevendo terá sua aceleração em momentos diferentes e em países diferentes, e será permitida pelo amadurecimento da crise.

Esse mundo novo anunciado não será uma construção de cima para baixo, como à que estamos hoje assistindo e deplorando, mas uma edificação cuja trajetória vai se dar de baixo para cima.

As condições acima enumeradas deverão permitir a implantação de um novo modelo econômico, social e político que, a partir de uma nova distribuição dos bens e serviços, conduza à realização de uma vida coletiva solidária e, passando da escala do lugar à escala do planeta, assegure uma reforma do mundo, por intermédio de outra maneira de realizar a globalização.

5.

A história apenas começa

Ao contrário do que tanto se disse, a história não acabou; ela apenas começa. Antes o que havia era uma história de lugares, regiões, países. As histórias podiam ser, no máximo, continentais, em função dos impérios que se estabeleceram a uma escala mais ampla. O que até então se chamava de história universal era a visão pretensiosa de um país ou continente sobre os outros, considerados bárbaros ou irrelevantes. Chegava-se a dizer de tal ou tal povo que ele era sem história...

A humanidade como um bloco revolucionário

O ecúmeno era formado de frações separadas ou escassamente relacionadas do planeta. Somente agora a humanidade pode identificar-se como um todo e reconhecer sua unidade, quando faz sua entrada na cena histórica como um bloco. É uma entrada revolucionária, graças à interdependência das economias, dos governos, dos lugares. O movimento do mundo revela uma só pulsação, ainda que as condições sejam diversas segundo continentes, países, lugares, valorizados pela sua forma de participação na produção dessa nova história.

Vivemos em um mundo complexo, marcado na ordem material pela multiplicação incessante do número de objetos e na ordem imaterial pela infinidade de relações que aos objetos nos unem. Nos últimos cinquenta anos criaram-se mais coisas do que nos cinquenta mil precedentes. Nosso mundo é complexo e confuso ao mesmo tempo, graças à força com a qual a ideologia penetra objetos e ações. Por isso mesmo, a era da globalização, mais do que qualquer outra antes dela, é exigente de uma interpretação sistêmica cuidadosa, de modo a permitir que cada coisa, natural ou artificial, seja redefinida em relação com o todo planetário. Essa totalidade-mundo se manifesta pela unidade das técnicas e das ações.

A grande sorte dos que desejam pensar a nossa época é a existência de uma técnica globalizada, direta ou indiretamente presente em todos os lugares, e de uma política planetariamente exercida, que une e norteia os objetos técnicos. Juntas, elas autorizam uma leitura, ao mesmo tempo geral e específica, filosófica e prática, de cada ponto da Terra.

Nesse emaranhado de técnicas dentro do qual estamos vivendo, o homem pouco a pouco descobre suas novas forças. Já que o meio ambiente é cada vez menos natural, o uso do entorno imediato pode ser menos aleatório. As coisas valem pela sua constituição, isto é, pelo que podem oferecer. Os gestos valem pela adequação às coisas a que se dirigem. Ampliam-se e diversificam-se as escolhas, desde que se possam combinar adequadamente técnica e política. Aumentam a previsibilidade e a eficácia das ações.

Um dado importante de nossa época é a coincidência entre a produção dessa história universal e a relativa liberação do homem em relação à natureza. A denominação de era da inteligência poderia ter fundamento neste fato concreto: os materiais hoje responsáveis pelas realizações preponderantes são cada vez mais objetos materiais manufaturados e não mais matérias-primas naturais. Pensamos ousadamente as soluções mais fantasiosas e em seguida buscamos os instrumentos adequados à sua realização. Na era da ecologia triunfante, é o homem quem fabrica a natureza, ou lhe atribui valor e sentido, por meio de suas ações já realizadas, em curso ou meramente imaginadas. Por isso, tudo o que existe constitui uma perspectiva de valor. Todos os lugares fazem parte da história. As pretensões e a cobiça povoam e valorizam territórios desertos.

A nova consciência de ser mundo

Graças aos progressos fulminantes da informação, o mundo fica mais perto de cada um, não importa onde esteja. O outro, isto é, o resto da humanidade, parece estar próximo. Criam-se, para todos, a certeza e, logo depois, a consciência de ser mundo e de estar no mundo, mesmo se ainda não o alcançamos em plenitude material ou intelectual. O próprio mundo se instala nos lugares, sobretudo as grandes cidades, pela presença maciça de uma humanidade misturada, vinda de todos os quadrantes e trazendo consigo interpretações variadas e múltiplas, que ao mesmo tempo se chocam e colaboram na produção renovada do entendimento e da crítica da existência. Assim, o cotidiano de cada um se enriquece, pela experiência própria e pela do vizinho, tanto pelas realizações atuais como pelas perspectivas de futuro. As dialéticas da vida nos lugares, agora mais enriquecidas, são paralelamente o caldo de cultura necessário à proposição e ao exercício de uma nova política.

Funda-se, de fato, um novo mundo. Para sermos ainda mais precisos, o que, afinal, se cria é o *mundo* como realidade histórica unitária, ainda que ele seja extremamente diversificado. Ele é datado com uma data substantivamente única, graças aos traços comuns de sua constituição técnica e à existência de um único motor para as ações hegemônicas, representado pelo lucro à escala global. É isso, aliás, que, junto à informação generalizada, assegurará a cada lugar a comunhão universal com todos os outros.

Ousamos, desse modo, pensar que a história do homem sobre a Terra dispõe afinal das condições objetivas, materiais e intelectuais, para superar o endeusamento do dinheiro e dos objetos técnicos e enfrentar o começo de uma nova trajetória. Aqui, não se trata de estabelecer datas, nem de fixar momentos da folhinha, marcos num calendário. Como o relógio, a folhinha e o calendário são convencionais, repetitivos e historicamente vazios. O que conta mesmo é o tempo das possibilidades efetivamente criadas, o que, à sua época, cada geração encontra disponível, isso a que chamamos *tempo empírico*, cujas mudanças são marcadas pela irrupção de novos objetos, de novas ações e relações e de novas ideias.

A grande mutação contemporânea

Diante do que é o mundo atual, como disponibilidade e como possibilidade, acreditamos que as condições materiais já estão dadas para que se imponha a desejada grande mutação, mas seu destino vai depender de como disponibilidades e possibilidades serão aproveitadas pela política. Na sua forma material, unicamente corpórea, as técnicas talvez sejam irreversíveis, porque aderem ao território e ao cotidiano. De um ponto de vista existencial, elas podem obter um outro uso e uma outra significação. A globalização atual não é irreversível.

Agora que estamos descobrindo o sentido de nossa presença no planeta, pode-se dizer que uma história universal verdadeiramente humana está, finalmente, começando. A mesma materialidade, atualmente utilizada para construir um mundo confuso e perverso, pode vir a ser uma condição da construção de um mundo mais humano. Basta que se completem as duas grandes mutações ora em gestação: a mutação tecnológica e a mutação filosófica da espécie humana.

A grande mutação tecnológica é dada com a emergência das técnicas da informação, as quais — ao contrário das técnicas das máquinas — são constitucionalmente divisíveis, flexíveis e dóceis, adaptáveis a todos os meios e culturas, ainda que seu uso perverso atual seja subordinado aos interesses dos grandes capitais. Mas, quando sua utilização for democratizada, essas técnicas doces estarão a serviço do homem.

Muito falamos hoje nos progressos e nas promessas da engenharia genética, que conduziriam a uma mutação do homem biológico, algo que ainda é do domínio da história da ciência e da técnica. Pouco, no entanto, se fala das condições, também hoje presentes, que podem assegurar uma mutação filosófica do homem, capaz de atribuir um novo sentido à existência de cada pessoa e, também, do planeta.

Este livro foi composto na tipografia Adobe
Garamond Pro, em corpo 12/15,5, e impresso
em papel off-white no Sistema Cameron da
Divisão Gráfica da Distribuidora Record.